U0083281

古代歷史文化研究輯刊

五 編

王明蓀 主編

第19冊

清代地方學官制度

劉德美 著

國家圖書館出版品預行編目資料

清代地方學官制度／劉德美 著 — 初版 — 新北市：花木蘭文
化出版社，2011〔民100〕
序4+ 目2+154 面；19x26 公分
（古代歷史文化研究輯刊 五編；第19 冊）
ISBN：978-986-254-432-7（精裝）

1. 教育史 2. 官學 3. 清代

618   100000591

ISBN-978-986-254-432-7

9 789862 544327

古代歷史文化研究輯刊
五　編　第十九冊   ISBN：978-986-254-432-7

清代地方學官制度

作　　者　劉德美
主　　編　王明蓀
總 編 輯　杜潔祥
印　　刷　普羅文化出版廣告事業
出　　版　花木蘭文化出版社
發 行 所　花木蘭文化出版社
發 行 人　高小娟
聯絡地址　新北市永和區中正路五九五號七樓之三
　　　　　電話：02-2923-1455／傳眞：02-2923-1452
電子信箱　sut81518@gmail.com
初　　版　2011 年 3 月
定　　價　五編 32 冊（精裝）新台幣 56,000 元
版權所有·請勿翻印

清代地方學官制度

劉德美 著

作者簡介

劉德美，1948 年生，台灣師範大學歷史系學士、歷史研究所碩士、博士。碩士論文為《清代地方學官制度》，博士論文為《阮元學術之研究》。曾任台灣台北市弘道國中、省立彰化高中、台灣師大附中歷史科教師、台灣師大歷史系助教、講師、副教授、教授，2007 年退休。任教期間，曾授中國通史、世界通史、西洋上古史、西洋藝術史、西洋古蹟與文物等課程。於清代地方教育、清代學術、西洋古代藝術與古蹟文物等方面，著有論文多篇。

提　要

　　《清代地方學官制度》論述清代地方學官制度的由來，並分析清代地方學官的籍貫、出身、任期、升遷與年齡，探討其職務、活動、學行、生活與社會地位。清代府州縣儒學各學官的主要職責在監督教導生員，教學內容不出倫理道德與科舉考試的範圍；學校並有按期祭祀孔子與歷代大儒先賢的活動。清代官員名額有限，學官制度提供讀書人一個仕途的選擇，有紓解政治與社會壓力之效。學官出身以舉人與正貢為主；任期相當長，平均在一地任期三年以上者近三成；任地僅須迴避本府，不必遠赴他省；籍貫以各省首府居多；任職時年齡多偏高，雖有學識與經驗，然學官品低俸薄、升到高官的機會不多，除少數甘於淡泊或為事親便利者，多不願久居此職。學官之唯利是圖者難有盡心教導生員、化民成俗之功；然學行兼優者則能盡忠職守，熱心公益，受人尊重。雖被視為「冷官」、「微官」，然不乏立功、行善與發言之機會。學官隨著清季新式教育的興起而終被裁撤，生平有表現者已被載入方志或史冊，入祀名宦祠、鄉賢祠等，受人景仰。但是其主要工作場所之各地文廟或學宮，有些已消失或僅存大成殿，倖存者被修復，成為具有多重效益的古蹟，仍為傳承儒家思想的載體與象徵，發揮歷史文化的價值與意義。

序

　　吾早期門人劉德美教授，飽富中西史學，好學深思，沉潛謹慎，不慕功利，不務浮名。因是其三十五年前所寫之書久未刊布，而今退休家居，敬事慈母，乃得乘閒，重理舊業，將其所著《清代地方學官制度》經營付印。原在七十年代，吾曾在師範大學歷史研究所開講《史學方法》，德美列我門下為受業弟子，有幸而指導其研究論文。當年論題即選定為《清代地方學官制度》。德美之長，在於縝密深細，篤實無華。於此清代冷門微官，致力頗勤，不厭史料瑣屑，零散無序，加意綴輯，製作表譜，終得掌握要領，用為評斷資材。於此構建全書基石，可謂得法。吾自佩慰有加。

　　讀劉教授書，應知其功力何在？貢獻何等？吾雖忝任導師，而所見浮泛，所知有限，遠不及劉教授之贍博精深，願就粗淺常識略申此書足以供參酌之點，並就教於學界通家。

　　第一、關於清代體制，讀劉教授所論，可見清代地方職官體制有兩套系統，此說當可成立。蓋主要行政體系自總督、巡撫、藩司、臬司、糧道、兵備道、下至府、廳、州、縣之守令，俱為行政體系主軸。官階具九流一品至從九品之區別層級。雖未定任期，而升、遷、調、補，流動頗繁。士子求取功名，攀登仕途，此為首選。

　　地方官另一途程即在於地方教育。清代一開始即重視文途武途之考試學童，是以由朝廷欽派提督學政，每省一人，必定選京中翰林出身者擔任學政。其與行政系統不同者，乃是俱定為任期三年，其地位亦如總督、巡撫，原是由京出差，但督撫可久任，而學政三年限期，很少延期，必在期滿回京。一省學政，即是一省士子之師長，故稱宗師。學政雖職官，但領原在京

官俸，出京視爲專職差使，故而地方省邑只有官署而並非衙門。亦情同總督、巡撫，有部曲決無官銜體制，純爲私人幕賓。是以學政官署稱爲使院。學政職司，重在維繫一省風教，說來簡單，卻責任無限。具體重點，每年必親到全省各府按臨科試歲試。考生取中，即是秀才，可以食廩，故稱廩生。廩生考中，自此畢生稱呼學政爲師，永不改易。考生取中之後，一定拜謁老師，執贄見禮，必送呈紅包，一般每個學生不會少於白銀三兩，大體每省之州縣數目總在一百個上下，如此學政三年下來收入不菲。但一些學政往往做出一些有益地方之貢獻，如開辦書院，或刊印門生上選文卷等。張之洞在四川即創設尊經書院，江標在湖南即刊印《沅湘通藝錄》，俱對地方教育士子有益。

第二、讀劉教授之書，可以通曉清代學官制度及職司範圍，此是全書重心。有分析，有申釋，並有各種表譜方便查索。不待重引。可知地方上府與州縣凡只兩級，行政上自有上下從屬分別。而直隸州，亦可不屬府，則與縣無大區別。只有府可一府轄數個州縣。但在學官而言，府之教授、州之學正、縣之教諭，而府州縣又各有訓導，其間並無上下從屬關係。是以在任職言有四種學官職位，以地位言，同是教官，並無上下。連訓導亦並非教授之屬下，亦非教諭之屬下。

府學、州學、縣學均有學官敬祀大成先師孔子。三者俱必每年作春秋二祭大典。但府之教授不管州縣科舉考試，責任最輕。而學正、教諭，必須在每年歲試科試監視童生一一應點入考場，須保證其中無有假冒槍替。換言之，學正、教諭，在每年考試忙季，責任最大。萬一有人揭發有弊，勢必受到連累。

清代地方學官是朝廷命官，享有薪俸外，在春秋兩祭，有一些額外收入。只是府州縣學官在舉辦歲科兩試時，陪考生入場，但凡考中廩生，事後一定要拜學官爲老師，因以後尚有借重教官之處，執贄禮，會呈上敬師紅包。自不會在白銀一兩以上。但在教官而言，年年俱有一筆固定收入。

第三、讀劉教授書，可見其於學官之科甲出身搜羅最廣，最見全備。於清朝二百六十八年統治全程，俱以年表呈現，可以快速概覽全貌，且就入主華夏之十朝，分別載錄進士、舉人、五貢以至少量之例貢監生。可見出學官身分只能擔當教職之選，顯示自始至終，要求資格純正不雜。其中主體進士、舉人、五貢合計達於百分之八十以上。可以肯定學官制度之完善，亦知

成爲師表之嚴格要求。

　　劉教授亦不諱言，在清代科舉途程，其最重要目的在於選拔治國撫民之才。士子心目中所寄望重在進身仕途，而國家亦以仕宦爲科名中求才任使。因此，天下眞才，重在任官，不願爲師，抑且教官只有四種，全無升騭遷轉機會，早於宦途畫定鴻溝，即任教官，往往於仕途無望，畢生困守地方下位，絕無建功立業之機。既是俱出身於科甲，甚少有人自願選擇教職，自然亦尚有客觀限制，而不能不屈居教官一職。

　　清代史實情勢，亦完全表現官常一道，自始至終，絕對少有因教職而能跳至各級官位者。有清一代，只有一位江忠源由舉人出身任教諭，而後能晉至安徽巡撫者。但江氏乃在太平軍起義時，由教諭身分而帶兵應敵，乃是戰功得來，全與教職無關。事實上有清一代，但凡科甲出身之人，無不視教職爲末路。

　　第四、讀劉教授書，其中論到教官職司在教化地方士民。代表有清一代對讀書士子庶民百姓所用心之教育體制。其實際各府州縣建有學宮孔廟，教官應是一方師長，但在清代各省之所謂學宮既有明倫堂，又有藏書樓，而士子並不來向教官求學。包括吃公糧之廩生（即秀才），亦並不到學宮就教於教官。乃是各自家居治學，或至同地書院，向書院山長問學。學官形同虛設。然學官仍有監督進學諸生之責。其行爲不端者，仍可報上官斥革廩生名位，惟向來完全執法之事殊少。惟廩生必須三年覆考一次，由學政監臨，教官驗明身分進考棚。惟此際同縣生員有求於教官，請求學官報請免考一次。說通之後，生員可以用祭孔擔任禮生、佾生（即舞生）、樂生以及典禮供事，教官有此權將生員列出名單，報請學政免考，以免遭受斥革。如此亦自見出學官實有維繫生員規矩之權，生員若不安分，眞可上報斥革。

　　實際學政監臨，春秋二祭爲學官所必當執行之一定職司外，其常日一般事務則尚有鄉飲酒禮及宣講聖諭兩項活動。若遇上官督責加嚴，自亦無法省略，尤其宣講聖諭，乃清廷出自朝廷要求，每年均須多次舉行。一般民眾聚於學宮，召鄉民齊聚聆聽《聖諭廣訓》。至於鄉飲酒禮，事實上各省少有舉行。看來學官雖是閒職，其實則全年也閒不下來。

　　說來同是科甲出身，循行政之路者出路寬廣，可致通顯。而循教職一途者，一入死巷，終身難有升轉，永遠沉淪地方下位，終至埋沒無聞。惟其中自有奇才博學，而以學問著述傳於後世，所知若嘉慶時王芑孫，道光時之梁

廷枬，王爲教諭，梁爲訓導。其因才學馳名當世，而其著作亦傳世不朽。

統觀劉德美教授大著，顯現好學深思，治學勤敏，乃可有通博之宏觀，堅實之識斷，足以取信士林，貢獻於學術。推考此書表現之特色，鄙人願將閱讀心得，略提數點，以貢淺見，備爲學界討論之資。

其一，此書選題是遺大取小，略中央重地方，棄主體就末流，乃選爲世人所輕忽之地方學官，加以深入研考探討，提供全面史乘展述，以備世人查索參考，自當是一種史學貢獻。

其二，本書取材有其顯著特點，即絕大部分自各省之府州縣志爲參考採輯來源，倚爲研治重心。雖亦參考其他官書政典，卻只供作對照參證，不恃以爲最主要資材。

其三，本書具備功能，屬於政典書志一類，故只談制度，辨其淵源背景，論其功能實效，舉其職掌實踐，載其出身歸宿。卻有關人事而不涉談任一人物。質言之，不談偉人名士，彼此平視同列，雖網羅約三萬人，而只用於歸納於同一學官本位，無一人獨列歧出。

其四，本書寫作方法，亦具見特點，略與大多數著作不同，蓋其書編製圖表最具特色，計附圖有七幅，附表有二十三種。附圖可以直接摘取前代方志作參證。製表則甚不易，每表俱須博採方志群書，猶若披沙揀金，自可謂是用宏取精，綴續成表，乃精心創構也。此書以表譜呈現各主體重點，以統計維繫數百年流程，數萬學官出身背景，籍貫年齡，以至行事活動。可謂以簡馭繁，藉以評斷其功能、效績，以至全般體制之價值意義。

鄙人閱讀劉教授大著，以爲向時未盡心力，忝爲指導之師，竟令門人自行摸索，多年於心有愧。今時已閱近四十年，得讀德美刊布其書，既見其卓卓有成，又驚喜其敍議深入，探究細微，尤以編製表譜表現著作特色，眞是佩慰欣悅。謹以讀書心得，敬告世人，推荐此書爲清史政典之作，應爲治清史者所當購備參考。我亦當承擔學術上之責任。

民國九十九年八月二十四日
河南周家口市王爾敏序

第一章 緒言

第一節 研究動機

　　管教養衛乃政府對人民之主要職責，教育是維繫政治安定與社會秩序的重要一環。學校是主要的教育場所，學校教育之成敗尤其關係風俗之厚薄、人才之盛衰，理應受到歷朝政府之重視。但舊時代統治者僅將教育視為維繫政權的工具，在實行層面，較重官員之選拔，即教育之成果，而輕教育之過程。

　　古今對於教育的方法、目的與規模，差異極大。近代以來，一個國家教育的發達程度與政治、社會、經濟的進步息息相關，而且互為動因。我國歷史在清代受外力震盪而發生巨變之前，都在改朝換代和一治一亂的循環中度過。在獨尊儒術的政體、家族中心的社會、農業為主的經濟，整合而成的環境中，一方面是教育的發展受到傳統政治、社會等早已定型觀念的制約而缺乏顯著的進步，一方面是傳統教育所傳授的思想深入人心，使得君主政體、宗法社會、農業經濟更為強化而不易改變。鴉片戰爭以來，中國無力抵擋西潮的衝擊而屢次受挫於西方列強的武力。甲午之戰竟敗於蕞爾鄰邦日本，國人所受創傷更深，有識之士皆謀求作根本的改變，以圖生存。在澎湃的維新思潮中，教育改革為其主要目標之一。在庚子拳亂後短短數年內，即廢除實行逾 1300 年的科舉制度，取而代之的是興辦學堂，使中國教育急遽地邁向現代化之途。這種深受外來刺激，未經相當準備即移入的新式教育制度和思想，與舊教育差異甚大，引發社會不少疑慮與衝突。因此，欲了解中國近代

教育的成敗得失，除了研究由西方國家傳入的教育制度與思想之外，吾國悠久歷史所孕育深厚傳統文化之潛在影響力也不容忽視。前事不忘，後事之師，了解傳統教育的內涵與成效、研究傳統教育的制度，可以從中汲取足資借鏡的教訓。

　　關於中國近代教育的發展，中外學者論著頗富，然而多側重於受外力影響的新式教育或中國固有的科舉制度，近年來「科舉學」尤其成爲許多學者關心探討的顯學〔註1〕，廣大的基層地方教育行政雖見於若干史書一般性的介紹或教育史中稍爲詳細的說明，對於地方學官則罕有作全面深入的研究。1991 年，王風雷先生於〈元代的儒學教師〉（《內蒙古師大學報》（哲學社會科學版）1991 年第一期）一文中，扼要論述包括元代中央與地方的儒學教師之選擇標準、晉級、管理、待遇等方面，從元政府提高儒學教師的政治地位和經濟待遇，提出新見解。同年，台灣文化大學吳智和教授撰有《明代的儒學教官》一書，對明代的地方學官曾作極詳盡的研究。而有關清代地方學官全面探索的專著迄今仍僅見於筆者在 1975 年的碩士論文《清代地方學官制度》，因此趁此次台北花木蘭文化出版社惠予出版之機會，在過去的基礎上補充修訂，期望對於這個領域作更深入與全面的探討，收到更豐碩的成果。

　　清代地方教育行政的範圍甚廣。以施教科目而言，唐宋以來有儒學、醫學、陰陽學、僧學、道學等〔註2〕，向來即以儒學最受政府重視，聲勢最壯大。清代僅有儒學在官方的維繫下一枝獨秀，其他領域都流於湮沒無聞；以傳播儒學的施教場所而言，有地方的府學、州學、縣學、廳學、衛學、有官

〔註1〕 在科舉制度廢除百年後，廈門大學與上海嘉定博物館於 2005 年舉行「『科舉與科舉學』國際學術研討會」，一百多名學者參加。2006 年，上海中國科舉博物館、廈門大學考試研究中心以及上海嘉定博物館主辦「『科舉文化與科舉學』學術研討會」。僅劉海峰教授一人就出版多本科舉研究的專著：《科舉制與科舉學》（貴州教育出版社，2004 年）、《科舉制導論》（貴州教育出版社，2005 年）、《科舉制的終結與科舉學的興起》（武漢：華中師大出版社，2006年）。有關論文更是不勝枚舉，都說明科舉制度的研究受到重視。

〔註2〕 各府州縣陰陽學、醫學、僧、道亦如儒學，有負責之人員，陰陽學府稱正術、州稱典術、縣稱訓術；醫學府稱正科、州稱典科、縣稱訓科。負責僧道事務之官，府設僧綱司（設都綱）、道紀司（設都紀），州設僧正司（設僧正）、道正司（設道正），縣設僧會司（設會長）、道會司（設道會）。訓術、訓科、僧會、道會，皆不給祿（《萊陽縣志》，卷二之一，頁 27）。清初有些方志還記載此四機構之地址，後來往往僅記「久廢」，或者不提存廢情形，負責這些事務人員有傳者極少。這些微員，既無品級，又無俸祿，連衙門也不存，因此與詳記地方儒學及負責學官的情形，完全不能相提並論。

立或官紳合辦的書院、社學、義學、私立的蒙館或私塾等，清代地方儒學與書院的發展趨勢，都以官方化、普及化、科舉化為其特點〔註3〕；以主持儒學教育的人物而言，有由中央簡派到各省的學政、吏部銓選的府學教授、廳學教授或教諭〔註4〕、州學學正、縣學教諭以及府廳州縣各學的訓導等學官，除了參與祭孔典禮，主辦鄉約、鄉飲酒禮等工作外，主要負責一些與科舉考試相關的事宜，考試與教學的內容都是儒家經典。本文僅就主持基層地方教育的行政人員：即府、廳、州、縣的儒學教官著手，藉由考察其職務、學行等方面，以明瞭清代地方教育行政情況之一般，故仍以《清代地方學官制度》為題。

第二節　研究範圍與方法

　　全文共分七章。在第一章「緒言」中說明研究動機、經過、範圍與方法。第二章「歷代地方教育與學官制度述略」，簡略說明傳統地方學官的演變情形，以了解清代地方學官制度的由來。第三章「清代地方學官之籍貫與出身」、第四章「清代地方學官之任期、升黜與年齡」，主要以統計資料分別說明清代地方學官的籍貫、出身、任期、升遷與年齡等項目。由於清代府廳州縣總數約 1,700 餘，到清末增至 1,955 個〔註5〕，各府州縣通常有正、副學官各一，但是期間也有新設、復設、分立、裁革等變化，每位學官的任期更是長短不一，因此兩百多年來學官的數量難以正確計算，各地方志所保存的學官資料詳略不同，通常學官能在方志有傳已屬不易。一般而言，方志對於學官的籍貫、出身等方面記載較多，生平事蹟則相當簡略，儘管無法充分完整掌握，而且統計法本身有其限制，然而筆者耗費許多時日由這些僅存的資料統計出來的數字，仍可印證學官制度實行的一些現象，至少是可資參考，不

〔註3〕 歸納地方儒學史和書院史的諸多研究成果，從長時期發展趨向觀之，特別是到了清代，普及化、官方化和科舉化是顯著的共同特徵。

〔註4〕 清代於新墾區設廳，分兩類：直屬於省者稱直隸廳，與府和直隸州平行，其廳學通常僅設一學官為教授或訓導，例如甘肅洮州廳僅設教授、湖南永綏廳僅設訓導；隸屬於府者稱散廳，與縣和散州同級，其廳學通常僅設一學官為教諭或訓導，例如江西蓮花廳、定南廳、陝西定遠廳、佛坪廳等，皆僅設訓導。有些廳則未設學，如陝西留壩廳、江蘇川沙廳，即無學官。

〔註5〕 參考 http://myqf.nease.net/shisuiji/shilinzhixiao/qinshi.htm（2010 年 12 月 14 日），據《清史稿》〈地理志〉所載政區名單統計清末二十三省，有府 223、直隸廳 63、廳 72、直隸州 81、州 145、縣 1,371，府廳州縣總數為 1,955 個。

應僅視爲毫無價值，只受時尚盛行統計法所影響之產物；再者也說明我國方志提供豐富的可貴訊息，以今日科技之發達，對過去一些地方制度的運行作細部研究，現在即已見到有相當完善的整理與詮釋〔註6〕。本文第三、四兩章的統計部分，係據徵引書目所收集各省方志職官表或官師志中的學官資料，列入籍貫統計者達 34,428 人次，列入出身統計者達 38,586 人次，列入任期統計者達 33,984 人次，可謂數量龐大；至於有升黜及年齡等記載者則少很多，由所用方志學官傳所作統計者僅約一千人，充其量是僅供參考，需用大量有關資料來加強論述。第五章「清代地方學官之職務與社教活動」，也是運用方志學官列傳兩千多條的敘述資料，來探討其職務與活動。第六章「清代地方學官之學行、生活與社會地位」，也是利用方志學官傳中一千餘條的敘述資料，來研究其學行、生活與社會地位。第四、五、六章所用根據方志學官傳得到的統計數字，實際上是作輔助說明之用。第七章「結論」，對全文論述的重點作總結。最後列舉所引用書目之來源，最主要的資料是省府州縣方志，因此數量很多。

本文所用資料以清代與民國初年所修方志中的志略、職官表、名宦傳、鄉賢傳等爲主，官書、文集、小說爲輔。筆者在距今三十多年前撰寫碩士論文時，由於受時間限制以及當時尚無個人電腦可用來處理繁複的資料，僅能就清代十八省中的十省，顧及北部、中部、南部地區方志所載有關資料加以整理、統計、分析，應該具有相當的代表性，此次趁改寫之際，統計數據仍沿用過去完成的研究，但在敘述方面儘量補充其餘各省的資料，以增加對清代地方學官這個群體作更爲全面的了解。至於清代學官籍貫、出身與任期的統計部分，皆係根據所收集河北、河南、江蘇、浙江、安徽、湖北、湖南、四川、廣東、雲南十省方志的職官表統計而得，共三萬餘人〔註7〕。其餘如學

〔註 6〕 近年來大陸學者常使用量化法於對科舉、教育制度等方面的研究，有豐碩的成果，例如：朱漢民等著，《長江流域的書院》（湖北教育出版社，2004 年），頁 453，「兩宋時期南北方進士人數統計表」，轉引自李學勤、徐吉軍主編，《長江文化史》（南昌：江西教育出版社，1995 年），頁 721。徐茂明於《江南士紳與江南社會（1368～1911 年）》（北京：商務印書館，2004 年），頁182，「清代蘇州府義田捐置人身份表」，注中說明徵引范金民〈清代蘇州宗族義莊的發展〉（《中國史研究》1995 年第一期）稱統計資料不夠精確，但可作參考。

〔註 7〕 根據本文第三章對所用方志職官表中學官有出身記載者加以統計，共達38,586 人次，有任期記載者的統計，也達 33,984 人次。後者人數較少之因，

官的學行、職責、升遷等項統計，爲免於參差不齊，並未使用文集或族譜等資料，只是就所用方志的職官傳、人物志等有關資料統計而成，計 4,022 人〔註8〕，其中有出身可考者計 3,855 人〔註9〕，幾占 96%，相當完整；但其他

是由於職官表所列最後一人的任期大多未標明，未列入統計之故。

〔註 8〕 本文所用有升遷、學行、職責等資料的清代學官人數統計表

職別＼時期人數	順治～乾隆	嘉慶～道光	咸豐～同治	光緒～宣統	合　計
教　授	168	52	26	15	261
教諭、學正	1197	488	275	127	2087
訓　導	813	435	260	166	1674
合　計	2178	975	561	308	4022

說明：1. 資料來源：根據本文徵引書目河北、河南、江蘇、浙江、安徽、湖北、湖南、四川、廣東、雲南十省方志職官傳、人物傳統計而成。

　　　2. 表中數字可見，列入統計的教諭和訓導爲數最多；由於府的數量少，因此教授列於統計的人數也較少。州的數量遠比縣少，列入統計的學正數量即少，故與人數最多的教諭合計。若就各類學官在各別群體中的比例而言，教授人數未必少於教諭、訓導。

　　　3. 清代歷時 268 年，分四個時期，以顯示各期變化情形。第一期順治至乾隆爲時 152 年，即逾清代一半，人數最多，在統計表中超過後三期的總和，亦由於前期方志編纂者搜集有關學官的各項資料比後期的爲多且較完整所致。

〔註 9〕 本文所用有出身資料的清代學官人數統計表

出身＼時期人數	順治～乾隆	嘉慶～道光	咸豐～同治	光緒～宣統	合　計	百分比
進　士	153	52	12	11	228	5.9
舉　人	846	566	234	123	1769	45.9
恩　貢	39	11	14	10	74	1.9
拔　貢	141	89	33	15	278	7.2
副　貢	95	33	21	8	157	4.1
歲　貢	148	27	15	12	202	5.2
優　貢	12	13	9	8	42	1.1
貢　生	572	88	56	25	741	19.2
例　貢	77	69	96	36	278	7.2
生　員	4	1	52	11	68	1.8

如陞黜、年齡、文教與社會活動、品德、學藝、著作等方面之資料,不如出身記載之完整,以致列入統計的數量,就比出身一項少很多。這些統計數字僅用於佐證說明,數量多少不致於影響論點。

三十多年來,隨著筆者個人閱歷的增加,對過去的觀點略作修正。我擔任師大歷史系導師期間,屢與同學們到台灣首學——台南府學史蹟考察;又隨著兩岸當局採開放政策以來,能藉學術交流與旅遊機會,親謁大陸多處孔廟,每回駐足,都有英國啓蒙主義時代史學家吉本當年留連羅馬古蹟的感動。撰文後三十多年來世局變動極大,中國的奮起,主政者的眼光胸襟與魄力,是其主因,但傳統儒家思想的深厚積蘊更是不可忽略的文化資產。在鴉片戰爭百餘年以來,中國飽受西方帝國主義的欺凌,終能多難興邦,這不能不拜傳統儒家撐持了民族精神之所賜,亟待復興與發揚光大。昔日的學官制度,對保存儒家思想而言,確已盡了它的責任。我們在討論此一制度的諸多面向時,於此點實應予以肯定的。

其 他	5	8	1	4	18	0.5
合 計	2092	957	543	263	3855	100

說明:1. 資料來源:同上表。

2. 貢生一項包括恩、拔、副、歲、優貢五正貢,其他一項包括孝廉方正、貢士、監生等。

3. 列入本表統計清代學官以舉人出身者爲主力,達 45.9%,幾占一半,比表 3-8 至表 3-11 統計全體三萬餘學官出身,舉人占 39.5%爲高;貢生 38.7%其次,也比全體 28.7%,高出 10%;特別值得注意的是經捐納而得的例貢出身者,合計 9%,也比全體平均 10%,少 1%。這些數字說明能列入學官傳者的出身,正途比例較全體統計的高,捐納比例較全體爲低。

第二章　歷代地方教育與學官制度述略

第一節　元代以前之地方教育

　　《尚書》記載，舜設司徒，以掌教化，是我國最早的教育專官，夏商周三代皆沿襲之。其職責爲：「掌邦教，敷五典，擾（安也）兆民。」〔註1〕其教化庶民的內容和預期效果分別是：「修六禮以節民性，明七教以興民德，齊八政以防淫，一道德以同俗，養耆老以致孝，恤孤獨以逮不足。」〔註2〕具體言之，即施行十二教以規範百姓，不僅遵守禮教，更進而施展能力，建立事功：「一曰以祀禮教敬，則民不苟；二曰以陽禮教讓，則民不爭；三曰以陰禮教親，則民不怨；四曰以樂禮教和，則民不乖；五曰以儀辨等，則民不越；六曰以俗教安，則民不偷；七曰以刑教中，則民不虣；八曰以誓教恤，則民不怠；九曰以度教節，則民知足；十曰以世事教能，則民不失職；十有一曰以賢制爵，則民愼德；十有二曰以庸制祿，則民興功。」〔註3〕

　　由上述教化項目的內容中，最受重視者爲德行，可見注重倫理道德是我國古代教育一大特色。至於周代之地方行政與教化，是由鄉大夫、州長、黨

〔註1〕　《尚書》〈周官〉。所謂五典即五教、五倫。「人之有道也，飽食暖衣，逸居而無教，則近乎禽獸，聖人有憂之，使契爲司徒，教以人倫：父子有親、君臣有義、夫婦有別、長幼有序、朋友有信」（《孟子》，卷五下，頁3）。五倫即指父子、君臣、夫婦、長幼、朋友之間的相處關係。
〔註2〕　《禮記》〈王制〉。
〔註3〕　《周禮》〈地官〉。

正等人掌管〔註4〕，既爲牧民之官，又任百姓之師，開啓後代地方行政長官同時兼負教化功能的特色。這種「官師一體」與「政教合一」的現象，一方面顯示各級官員皆甚爲重視教育工作，以教導百姓爲己任，另一方面也顯示當時尚無政教兩個部門分工的觀念，主要原因在於當時的行政工作不像現代繁瑣複雜，不認爲有分化與分工的必要。政教合一與官師不分的特質，影響此後二千年的教育發展大方向，直到清季廢科舉、設學部專管教育行政爲止。

　　春秋時代，沒落的貴族將從前藏於王官的知識傳播至民間，造成私學興起，使地方教育事業逐漸蓬勃發展。國史上首先從事平民教育的人物，即爲地位愈來愈高，到後代被封爲至聖先師的孔子。孔子制訂六經：刪詩書、訂禮樂、贊周易、作春秋，他以六藝教人，經其弟子廣爲傳播，蔚爲儒家學派，在百家爭鳴的先秦時代，極具競爭力，與墨家並稱「顯學」，皆是「徒屬彌眾，弟子彌豐，充滿天下。」〔註5〕秦代實行法家政治，儒家聲勢受挫。漢初政治崇尚黃老無爲而治，儒家思想未能彰顯。到漢武帝時，獨尊儒術，確立以儒家學說爲主的教育宗旨，復經歷代帝王與學者大力提倡，成爲對後世影響最大的思想流派。

　　漢代在教育方面頗多創新措施，除了獨尊儒術外，還設立太學與郡國學，開始後代發展中央與地方學校教育的規模。漢代最早在地方興學的官吏當推景帝末年的蜀郡太守文翁，他在今成都市中修學宮，選拔各縣優秀子弟入學，因而教化大行。漢武帝見到教育可有如此成效，乃詔令天下模仿，並設學官〔註6〕。尚古的王莽執政時，也奏請立學設官，以經師教郡縣的「學」與「校」，孝經師教鄉聚的「庠」與「序」〔註7〕。東漢時期地方官多提倡文教，連偏僻之地都有學校庠序〔註8〕，因此班固於〈東都賦〉稱：「四海

〔註4〕鄉大夫之職：「各掌其鄉之政教禁令。正月之吉，受教法於司徒，退而頒之於鄉吏，使各以教所治，以考其德行，查其道藝」（《周禮》〈地官〉）。州長、黨正等官的職務皆類似，即不贅述。

〔註5〕《呂氏春秋》，卷二，頁20。

〔註6〕《漢書》，卷五十九，頁3。

〔註7〕「郡國曰學，縣道邑侯國曰校，校學置經師一人；鄉曰庠，聚曰序，庠序置校經師一人」（《漢書》，卷十二，頁7）。學校庠序皆文獻所稱夏商周三代設教場所之名，王莽好古，故皆沿用之。

〔註8〕例如：衛颯任桂陽太守時，修庠序之教，移風易俗（《後漢書》，卷一〇六，頁2）。任延爲武威太守時，「造立校官，自掾吏子孫，皆令詣學受業。」（《後

之內，學校如林，庠序盈門」。漢代的學校教育注重明經，庠序教學注重倫理〔註9〕，至於郡縣鄉等地方社教工作係由郡三老、縣三老和鄉三老掌管〔註10〕。及隋代廢除三老之制後，一些有關社會教化方面的工作就由學校接管負責。

　　魏晉與南朝的宋齊梁陳時代，因為戰爭頻仍，加以限於物力不足，地方學校大半荒廢。但是北朝則相反，因胡人政權仰慕中原文化而興學者頗不乏人，最著名者如北魏獻文帝、孝文帝皆倡導地方教育，成效甚為可觀〔註11〕。

　　隋文帝於開皇三年（583）詔令天下興學，卻因生徒「徒有名祿，空度歲時，未有德為代範，才任國用。良由設學之理，多而未精，今宜簡省，明加獎勵。」〔註12〕遂於仁壽元年（601）詔廢州縣學。煬帝即位，雖令興復學校〔註13〕，不久因天下大亂，學校復趨敗壞。唐高宗又於武德七年（624）詔令州縣及鄉立學〔註14〕。玄宗開元二十六年（738）敕令州縣於每一鄉里皆設學〔註15〕。然而自天寶之亂以後，州縣學校幾皆不存，地方教育一蹶不振。

　　唐代地方官學承襲魏晉北朝和隋代的演變，其制度有京都府學、都督府學、州學、縣學，其學官名曰博士、助教，品秩則因任地與職務而異。京

漢書》，卷一〇六，頁3）

〔註9〕　近人余書麟認為掌學與校者稱經師，可見其教學注重明經；掌庠與序者稱孝經師，可見其教學注重倫理（余書麟，《中國教育史》，頁305）。

〔註10〕「三老掌教化，凡有孝子、順孫、貞女、義婦、讓財、救患及學士為民法式者，皆扁表其門，以興善行。」（《後漢書》，卷三十八，頁8）

〔註11〕楊吉仁，《北魏漢化教育之研究》，頁102～109，北魏之地方教育——州郡縣學。

〔註12〕《隋書》，卷二，頁16。關於隋文帝廢學的原因有兩種說法。一是隋文帝不滿當時學校的教學：「京邑庠序，爰及州縣，生徒受業，升進於朝，未有灼然明經高第，此則教訓不篤，考課未精。」（《隋書》，卷二，頁2）一是《隋書》儒林傳序所稱：「高祖暮年，精華稍竭，不悅儒術，專尚刑名」，因而廢除學校。然而由文帝晚年仍用儒者觀之，後一說法似不充分，宋儒葉適早已論及，見《古今圖書集成・選舉典》，卷九，頁89。故本文採取前說。

〔註13〕「煬帝即位，復開庠序，國子郡縣之學，盛於開皇之初。」（《隋書》，卷七十五，頁2）

〔註14〕「州縣及鄉，各令置學。官僚牧宰，或不存意，普更頒下，早遣立修。」（《冊府元龜》，卷五十，頁2）

〔註15〕唐玄宗開元二十六年詔令：「古者鄉有庠，黨有塾，將以弘長儒教，誘進學徒，化人成俗，率由於是。其天下州縣每鄉之內里別各置一學，仍擇師資，令其教授。」（《文獻通考》，卷四十六，頁431）

都府學及大都督府學博士爲從八品上，中、下都督府學及上州學博士爲從八品下，中州學博士爲正九品上，下州學博士爲正九品下，縣學博士及各學助教俱不入流。縣學博士由州補，州學博士由吏部任命，這些學官常由政府官員兼充。博士與助教的主要職責爲教導諸生，將歲貢通經力學者上於禮部〔註16〕。

學校與科舉皆爲選拔人才之途徑，本應相輔相成。隋文帝既因學校成效不佳而因噎廢食，唐代學校成果亦不理想，而當時又亟需人才，九品中正之制早已弊病叢生，不合時宜，科舉制度乃應運而生。因爲士子不必皆由學校，只須參加科舉考試即可獲得科名與官位，以致於科舉日益發達，竟妨礙學校制度的正常發展。因此唐玄宗有意扭轉此一趨勢，遂於天寶十二載（753）敕罷鄉貢，規定舉人不由國子監及郡縣學者勿舉送，然而終因科舉之力甚大，學校難與抗衡，而於十四載恢復鄉貢〔註17〕。學校功能既爲科舉所取代，而在科舉考試領導下的教育，通常是不先教即考，而且所考非所用，如此學用分離，難以選拔出有眞才實學又能應變的人，因此宋代主張變法的士大夫，如范仲淹、王安石、蔡京等人當政後，皆欲以學校教育來救濟科舉之窮，而發起三次興學運動。

宋代第一次的興學運動是在仁宗慶曆四年（1044）時，詔設州縣學校〔註18〕，范仲淹主張國家興學育才，必求有用，爲切合實際需要，當時地方學官多採取胡瑗在蘇湖地區的教學方法〔註19〕。然而官吏不僅未能實心奉行，且有藉修繕之名而行苛斂之實者〔註20〕。經費關係學校業務進展，宋代

〔註16〕參見高明士，〈唐代的官學行政〉，《大陸雜誌》，卷三十七，第十一、十二期合刊，頁43～44。

〔註17〕《古今圖書集成・選舉典》，卷十，頁96。

〔註18〕宋仁宗慶曆四年詔曰：「今朕建學興善，以尊大夫之行；更制革弊，以盡學者之才。有司其務嚴訓導，精察舉，以稱朕意；學者其務進德修業，無失其時。其令州縣皆立學，本道使者選部屬官爲教授員，不足取於鄉里宿學之有道業者。」（《宋史》，卷一五七，頁2）

〔註19〕《文獻通考》，卷四十六，頁432，稱贊胡瑗之教學：「是時方尚詞賦，獨湖學以經義及時務，學中故有經義齋、治事齋。經義齋者，擇疏通而有器局者居之；治事齋者，人各治一事，又兼一事，如邊防水利之類，故天下謂湖學多秀彦。其出而筮仕，往往取高第，及爲政多適於用，若老於吏事者，由講習有素也。」《宋史》，卷三一四，頁10亦稱：「自是蘇學爲諸郡倡。」

〔註20〕慶曆五年（1045）詔令今後郡縣學校，「若吏以繕修爲名而斂會民財者，按舉之。」（《文獻通考》，卷四十六，頁432）

學校經費有賴學田。仁宗乾興元年（1022），賜國子監及山東兗州府學田各十頃，開政府賜學田之先。明道、景祐年間，州縣建學多賜田五至十頃，學田解決了學校的經費問題。宋神宗熙寧元豐年間的新政亦注重地方教育，如熙寧四年（1071）命諸州置學官，率給田十頃爲學糧以贍士，地方學校自此始普遍有學田；元豐元年（1078）詔設諸路府州學官共五十三員。徽宗崇寧元年（1102）又詔令天下普遍設學，這次興學運動於欽宗靖康元年（1126）新舊黨爭中被取消。

　　南宋時代，州郡學校雖然已逐漸恢復，然因教者鬆懈、學者亦不認眞〔註21〕，又因學產被侵占，經費困難，州縣學多半停閉〔註22〕。這些地方官學在草創之初，即受阻礙，以致未能盡如理想，自是意料中事。

　　宋代地方學官稱爲「教授」。其銓選初委運使及長史於幕職州縣內推薦，或舉本處有德藝者充任。神宗熙寧六年（1073）詔諸路學官委中書門下選差，這是地方學官由朝廷任命之始〔註23〕。

　　元代地方學官的名稱又有變化，世祖制定凡師儒之命於朝廷者曰「教授」，命於禮部及行省宣慰司者曰「學正」、「教諭」、「學錄」。每路設教授、學正、學錄各一，府及上中州設教授一，下州設學正一，縣設教諭一。據元人陶宗儀之《輟耕錄》有「錢伯全作訓導」一語，可見元代已有訓導一職〔註24〕。因此明清兩代之府州縣學官名稱曰教授、學正、教諭、訓導，實昉於宋，而成於元。

　　元代規定路的學官爲從八品，府州的學官爲正九品。原則上是三年一任，但因仕途壅塞，員多缺少，乃制定由學錄、教諭升學正，學正遷教授，或教授轉任其他職官之法，通例需兩任才得以升遷。學官之甄選、升遷皆以考試決定之。初充學錄、教諭者考詞賦二韻、經義論孟各一道、明經解題各一道；學正等升教授者試詞賦一道、經義各從所業、大義一道、明經解題二道〔註25〕。元代學官之任用與升遷除筆試外，還舉行面試，這是一項創新。

〔註21〕兵部侍郎虞儔奏稱：「竊怪夫近年州郡之學，往往多就廢壞。士子遊學，非圖哺啜以給朝夕，則假衣冠以誑流俗，而鄉里之自好者，過其門而不入；爲教授者，則自以爲冷官而不事事。」（《文獻通考》，卷五十，頁3241）

〔註22〕劉子健，〈略論宋代地方官學和私學的消長〉，《中央研究院歷史語言研究所集刊》，第三十六本，頁237。

〔註23〕永瑢等修，《歷代職官表》，卷五十一，頁10。

〔註24〕永瑢等修，《歷代職官表》，卷五十一，頁13。

〔註25〕《大元聖政國朝典章》，卷九，頁18～21。

明清兩代以考試爲考覈學官之一法，即沿襲元制。元代學田所入，除春秋釋奠外，還擴大其用途於資助貧生，明清兩代繼續此一傳統，使地方學校得以維持並發展。

第二節　明代之地方學官

明太祖朱元璋洪武初年聽從帶刀舍人周宗之請，詔令府州縣設立儒學，推行教化〔註 26〕，以挽救元朝積弊，並藉以融合學校造士與科舉考試爲一〔註 27〕。因此各府州縣衛所皆設有儒學，府學設一教授、四訓導；州學設一學正、三訓導；縣學設一教諭、二訓導，全國共 4,200 餘名學官〔註 28〕。

明代地方學官在洪武時並未限制用本省籍者或外省籍者；永樂至隆慶年間，大多任用非本省籍者；萬曆以後，學官又多以本省籍者擔任；天啓、崇禎之際，各省學官籍隸本省者已凌駕外省籍者之上〔註 29〕，此一發展趨勢，

〔註 26〕見《國朝會典》，卷一二九，頁 1。「京師雖有太學，而天下學校未興，宜令郡縣皆立學校，延師儒授生徒，講論聖道，使人日漸月化，以復先王之舊。」（《明史》，卷六十九，頁 13）

〔註 27〕錢穆謂明代府州縣衛所皆建儒學，「凡生員入學始得應舉，則學校與考試兩制度已融合爲一，此實唐宋諸儒所有志而未逮者。」（錢穆，《國史大綱》，頁 489）

〔註 28〕關於明代地方學官之人數，詳見吳智和，《明代的儒學教官》，頁 19～20，如以萬曆時全國有 140 府、193 州、1,138 縣來算，應有學官 4,886 人，實際上因各地學校設立與裁革的變動，以及有些地方學官常有缺額，並無確定的數字，不同史料的計算也有出入，總數大約 4,000 餘人。

〔註 29〕根據本書徵引書目中所用河北、河南、湖北、四川四省方志所載明代學官有籍貫可考者，統計如下：

時期 ＼ 籍貫／次數與百分比	本 省 籍		外 省 籍		合 計
洪　武	37	33.3	74	66.7	111
永　樂	4	4.5	85	95.5	89
洪　熙	0	0	4	100	4
宣　德	2	0.3	58	96.7	60
正　統	4	3.0	130	97.0	134
景　泰	1	1.4	73	98.6	74
天　順	1	1.1	91	98.9	92

至清代即逐漸演變爲地方學官除了少數例外，只用本省籍隔府之人士。

儘管明代地方學官之出身與任期的資料在方志職官表中頗爲不全，吾人由不完全的一些統計數字中仍可概見其出身是以舉人及貢生爲主〔註30〕，與

成化	4	1.2	320	98.8	324
弘治	10	2.5	387	97.5	397
正德	14	3.5	385	96.5	399
嘉靖	46	3.0	1502	97.0	1548
隆慶	26	3.2	796	96.8	822
萬曆	785	42.9	1043	57.1	1828
泰昌	3	60.0	2	40.0	5
天啓	124	53.7	107	46.3	231
崇禎	354	66.5	178	33.5	532
未詳	833	47.4	926	52.6	1759
合計	2248	26.7	6161	73.3	8409

由表中數字可見明代地方學官在洪武期間尚多用本省人，永樂以來即以外省人士爲多，直到隆慶年間，外省籍學官占九成多；萬曆以來又漸用本省隔府之人，至崇禎朝本省隔府之學官已占總數的 2／3。其法令規定見於《明會典》，卷五，頁102：「隆慶五年題准學官、倉官、驛遞官、閘壩官俱得選授本省隔府地方。」

〔註30〕根據本書徵引書目中所用河北、河南、湖北、四川四省方志所載明代學官有出身可考者統計如下：

出身＼職務 次數與百分比	正學（教授、學正、教諭）		副學（訓導）	
進士	25	0.8	6	0.2
舉人	1895	58.4	322	12.7
貢生	221	6.8	331	13.0
歲貢	719	22.2	1134	44.6
拔貢	41	1.3	26	1.0
恩貢	7	0.2	20	0.8
貢士	140	4.3	265	10.4
儒士	9	0.3	6	0.2
監生	187	5.7	435	17.1
合計	3244	100	2545	100

一般史書的記載和文集所顯示的情況相符；至於任期，由於通行九年三考制，久任難遷，許多是終老任上，以至於學官的老邁留給世人深刻的印象。明代學官的品階比宋元兩代為低，教授僅為從九品，而學正、教諭、訓導俱未入流。明代學官不僅品低，而且俸薄，生活清苦，實與國家尊師重道之意，背道而馳〔註31〕。雖然如此，因明初不限固定格式，學官有機會可超擢為高官，故願意就任學官者仍有其人〔註32〕。

明初重視學官之考核，規定歷俸九年考滿者，給由赴部考試，初場考四書本經義各一篇，二場論策各一道，以此項成績與歷年所教生員的鄉試中舉人數配合，以定升降〔註33〕。後因學官升遷不易，舉人多不願就任〔註34〕，且因品低俸薄，居其位而不守本分者亦漸多，以致備受時人之批評〔註35〕。神宗朝宰輔張居正當政時，雖曾力事整頓〔註36〕，但其後仍有苟且因循者。

由表中數字可見明代直豫鄂川四省學官出身，正學官以舉人為主，占 58.4%；副學官以歲貢為主，占 44.6%。耿裕在〈災異修省七事疏〉中，建議慎重教職，仍舊止於科貢一途者考授，不許濫與納粟出身者（《皇明經世文編》第四冊，頁 553）。

〔註31〕論者曾指出這種制度設計不合理的現象，見吳智和，《明代的儒學教官》，頁 10、14。

〔註32〕明太祖因師儒職雖卑，其道則尊，不可以資格論，遂授訓導閻文、曾恕為王府長史（《康熙束鹿縣志》，卷三，頁 50）。明初之時認為：「師也者，風教之本，其關係尤重。故明初教職不限以格，得與風憲之選，蓋崇儒重道意也。」（《高明縣志》，卷十一，頁 12）

〔註33〕洪武二十六年（1393）定學官升黜法，稱職者升用，平常者本等用，不稱職者降黜別用（《明會典》，卷十二，頁 293）。

〔註34〕禮部尚書姚夔等奏：「教官例於副榜舉人除受，近年皆不肯就，以拘例太窄故也。一就教職，終身不展，人豈肯樂為之？」（《明憲宗實錄》，卷四十，頁 11）明史亦載：「正統中天下教官多缺，而舉人厭其卑冷，多不願就。」（《明史》，卷六十九，頁 6）直到成化以後，舉人願意就教職者才逐漸增多。

〔註35〕金幼孜稱：「奈何任師儒之職者，往往坐擁虛名，疲懦猥瑣，既無奮興之志，因循苟且，遂成積習之弊。是致師道不立，士類弗興，廉恥為之不備，風教為之不振。」（金幼孜，《金文靖公集》，卷七，頁 63）海瑞也認為當時學官多不盡責，「若寄空名於諸士子之上，典籍不傳，模範不端，虛靡歲月，為身謀，為家計，初入學則索其贄見之儀，既入學則需其送節之禮，於士子無毫末補焉，亦何以克稱廣文之職也哉？」（《揭陽縣志》，卷八，頁 13）

〔註36〕侯方域於〈重學校〉一文中稱張居正整頓學校，「其進也有制，大縣必四十人，中縣必二十五人，小縣必十五人。其退也有制，百人不稱則退百人，千人不稱則退千人。無容偽，容偽者禠不旋踵；無姑徇，姑徇者罰不移刻。以作養之意而寓澄汰之權，以文章之事而行軍旅之法。」（《皇朝經世文編》，卷五十七，頁 4）

學官中雖有腐敗分子，然而疾風知勁草，板蕩識忠貞，由明末天下大亂之際，不少學官與士民深受儒家思想熏陶，並身體力行，均曾踴躍地冒險犯難，知其不可而爲之，說明一些地方學官平日的教誨與臨危時的以身作則，對士民實有相當的影響力。總之，明代地方學官的表現，個別差異頗大，至於其成果，不能僅據片面記載即認定是收效甚宏，或以偏概全地謂其有名無實。到了清代，仍延續明代的地方學官制度兩百餘年，直到光緒末年才議定逐漸終結，其演變情況是本書的主題，將詳見下列各章。

此處根據《嘉慶重修一統志》所載各府州縣學首建之時代作一簡表，以清代地方行政區劃十八省爲準，來了解各朝代及各地方初設儒學之情形。

表 2-1　中國各地儒學首建時代表

地區＼時代數目	漢	唐	五代	宋	遼	金	元	明	清	合計
直　隸		1		21	4	18	37	66	4	151
山　東		1		37		14	40	24	1	117
河　南		1		23		13	34	46	1	118
山　西		5	3	24	1	20	30	24	5	112
陝　西				33		3	15	35	11	97
甘　肅				1			15	36	21	73
江　蘇				21		1	9	36	8	75
安　徽		1		16			11	33	4	65
浙　江		1	1	58			6	19	2	87
江　西		3		66			7	14	1	91
湖　南		3		38			9	23	10	83
湖　北				32			8	28	3	71
四　川	1	5	1	54			9	65	18	153
福　建		2		42			2	20	9	75
廣　東				30			11	51	7	99
廣　西				20			9	32	14	75
雲　南							10	59	16	85
貴　州								34	26	60
合　計	1	23	5	516	5	69	262	645	161	1687

資料來源：《嘉慶重修大清一統志》學校志。

由上表可見，隋唐以前，地方雖有建學校，因年代久遠，其失修已毀者不可稽考，後代所修方志無由著錄，以致吾人於彼時學校之數量所知甚少；宋以後各地方志所載學校成立年代較爲詳實，《嘉慶重修一統志》即據以登錄，故可考者甚多。以朝代言，創建學校最多的是明代，其次爲宋、元，再次爲清。遼、金兩代僅據有中國北部地區，該區原已設有學校，加以國祚較短，故創設的學校數量不如宋元明清。歷經宋元明歷代設學後，清代只有在新增的行政區域內才有新設學校之機會，另一方面，本表對於嘉慶以後清政府在台灣、東北、新疆等地新設之學校並未列入計算，因此其新設學校之數目遠遜於宋明，甚至也不如元，但若加上嘉慶以後新設學校，數量當與元代在伯仲之間。當然就總數而言，後面朝代的學校總數是多於前面朝代。根據嘉慶八年編纂之《欽定學政全書》統計，全國各府廳州縣學校共 1,700 餘所〔註37〕。總之，自宋代以來全面興建的地方學校，到了清季已是全國各府州縣皆有儒學與學官，有些統計學校達到 1,800 多所，對於各地區之教育與文化都具有實質的推進作用。

　　由以上所述，可以略見吾國數千年來地方學校之普遍化發展趨勢與學官名稱之傳承演變情形，到了清代可謂集歷代學校制度之大成。清代學官雖因本身深受傳統思想以及現實環境影響，觀念保守，無法因應新局勢，終於清末被裁撤。然而各地文廟與學宮迄今有些已被拆毀，有些被改爲中小學校或作博物館、展覽館等用途，現在各地方政府了解其文化意義與藝術價值，大力予以修復，並將之列爲重點保護的古蹟與文物，期其能豐富觀光旅遊資源，提升經濟效益，並可進而發揮儒學對於建立和諧社會的功用。

　　古蹟與文物的存在需要讓人們了解其背後的涵義與歷史的向度，才能體現其更爲深刻的文化價值，是遠超過經濟利益的。它們雖係過去時空背景下的產物，但卻是鮮活的過去，對後人有多方面的影響。研究清代地方學官制度，就是要明白這個制度的運作與功能，了解這個團體人物的精神與生活面貌，深入探究儒學教化發展的內涵，在潛移默化中，發揮其積極作用。然而迄今尚無對此問題作全面研究者，本書即針對此一長期被忽略的領域加以探討，提出值得後世思考與借鏡的一些面向。

〔註37〕《欽定學政全書》，卷二十八，磨勘事例。

第三章　清代地方學官之籍貫與出身

　　清代政府任命各級地方學官負責監督生員，推行地方教化，故對於學官人員之銓選，有籍貫、出身、任期、升黜等方面之規定，本章先討論籍貫與出身。

第一節　籍　貫

一、地方學官任所之規定

　　從漢代開始，為杜絕官員徇私，已有迴避本籍與親屬相迴避之例。然而所用之吏，因需熟悉當地事務，尚為本地人士〔註1〕。魏晉南北朝時代，地方豪族勢力強大，把持地方官位，不需迴避〔註2〕。隋唐宋元諸朝，中央權力足以指揮及於地方微官，對官員須迴避本籍的限制，嚴格執行，然而若為優待老臣、恩寵元勳，也有授官本籍者。到了明清，中央集權的威勢更強，對執行官員迴避本籍之法更認真。由縣丞、典史、經歷、照磨等佐貳雜職到知縣、知州、知府、道、按察使、布政使、巡撫、總督等大小地方官，皆須遵守迴避本省及原籍五百里以內之地的規定〔註3〕。凡被銓選為地方官者，即須離鄉

〔註1〕 嚴耕望，〈漢代地方官吏之籍貫限制〉，《中央研究院歷史語言研究所集刊》，第二十二本（1950），頁241，結論謂：「監官長史例避本籍，佐治屬吏必用本籍。」東漢蔡邕解釋設立迴避之因：「朝議以州郡相黨，人情比周，乃制婚姻之家及兩州人士不得對相監臨。」（《後漢書》，列傳卷五十下）故地方官迴避本籍起源於漢代，迴避親族起源於東漢季年。

〔註2〕 嚴耕望，《中國地方行政制度史》，上編，卷中，頁385。

〔註3〕 清代規定：「各省佐貳雜職駐紮地方在原籍五百里以內者，亦令迴避」（《欽定大清會典事例》，卷四十七，頁2）。至於地方官，一律須迴避本省籍，見《欽

背井，遠至異地爲官。

　　由於地方官與學官所任職務不同，性質有別，歷代對於學官任職地點之限制不若地方官之嚴格。清朝地方學官之任用自乾隆初年起，即以本省籍爲主，僅須迴避本府即可〔註4〕。至於沿襲明代的僧綱、道紀、陰陽訓術與醫學訓科等職，則用具有專業之本邑人士擔任，無須迴避。地方的陰陽學主紀雨澤，察災祥，以聞於上，府設正術、州設典術、縣設訓術，各一人，陰陽生無定名；醫學也分府設正科、州設典科、縣設訓科，各一人，主惠民藥局，以救時疫，醫生亦無定名〔註5〕。在明清兩代僅陰陽正術與醫學正科是從九品，其他則未入流。此二學初設於元，到了清代，在許多地方甚至是早已廢除，或是時興時廢〔註6〕，僧綱司與道紀司也是如此，在各地形同可有可無，由此說明此類職務在清代已不受重視，無法與全面普及的儒學分庭抗禮。

　　在體制上，學官既受地方長官統屬，亦受中央簡派的學政管轄。學政綜管全省之科舉與學校，爲減少弊病，例須迴避本省；地方學官僅管一府、一州或一縣之學務，且政府體諒學官俸薄，難赴長途，故規定學官專用本省，只迴避本府即可。這一規定尤其是體恤自願留省任職或老邁學官的德政。有

定吏部則例》（二），卷八，頁 15、18。
〔註4〕 清代規定：「教職原係專用本省，止迴避本府。」（《欽定大清會典事例》，卷四十七，頁 1）又定：「教職之原籍祖籍在本省者，原籍祖籍之州縣，亦應迴避。」（同上，頁 5）
〔註5〕 《沙縣志》，民國十七年刊，卷六，頁 4。
〔註6〕 元初詔天下皆立醫學與陰陽學，醫學奉祀三皇，秩祀之儀與儒學等。至於僧道，中央設僧錄司、道錄司；府設僧綱司、道紀司，州設僧正司、道正司，縣設僧會司、道會司。清代府州縣僧道機構，有些是「無定所」（《撫州府志》，雍正七年刊本，卷七，頁 6）。《廣信府志》在該府及所屬玉山、永豐的陰陽學、醫學、僧綱司（縣稱僧會司）、道紀司（縣稱道會司）之項目下，皆註明「今廢」（《廣信府志》，康熙二十二年刊，卷十，頁 5、11、17），弋陽縣則僅陰陽學註明「存」、醫僧道之存廢未提（頁 23），貴溪縣僅註明醫學已廢，興安縣陰陽學與醫學皆廢，僧道之存廢未提。《建昌府志》對該府及屬縣南城、新城、廣昌等縣的陰陽學與醫學都註明「久廢」，僧會司與道會司以寺觀爲公廨，當時情況是「爲公所」（《建昌府志》，同治十一年刊，卷二，頁 2、3）。實際上元明兩代普遍設置的陰陽學、醫學、僧綱司、道紀司，在清代及民國修的方志建置志中，有些未提此四學的存廢情形，更多僅記其舊址所在，稱其「久廢」。此四者甚至皆無署，如光緒三十二年修纂之《越嶲廳志》，卷四之一，頁 9 稱「均無署」，並鄙夷其官員曰：「凡充官醫者，類皆下駟之材。陰陽、僧、道諸職官，宜禁錮之不暇。」

些人因父母親年老須奉養以盡孝道，也有些人因自己年邁不想奔波遠地任其他行政之職，自願擔任學官，就是很好的選擇。故以本省人擔任學官，即可吸收一些有志教育行政者或其他個人因素自願任教者從事此項工作，加上易於適應水土，可免方言之隔閡，且少徇私之必要，甚為便利，對於地方教育實具有正面積極的作用。誠如《南海縣志》所云：

> 至乾隆初載，又以此職俸薄，難赴長途，且均差繇、斷訟獄、勤撫字，各有司存，不能越俎。既無私厚鄉親之弊，可省關河跋涉之勞。由是教職官居，無殊家食，近則數日，遠則兼旬，土俗略符，方言可接，得享水竹禽魚之樂，杖履恆近乎枌榆。縱有黜責降革之虞，流落不憂乎桃梗。故鴻儒碩彥，常願就之。以余所見，其學富五車，美賅百行，清風滌雪，盛藻捫天，不羨承明之廬，甘處廣文之館者，非可一二數矣。〔註7〕

再者，地方學官由本省人擔任，對當地事務的了解肯定比來自他省的知府、知州、知縣為多；他們既為這些地方官的僚屬，自然樂意從旁相助，共同完成政府所承擔的管教養衛之責。學官雖有因與地方官不睦而遭罷黜者，通常其意見是相當受尊重，學官甚至能完成地方官無法解決之任務〔註8〕。因此學官與地方官通力合作，常可加強維繫地方之安定。

二、學官籍貫統計表之分析

　　滿清入關之基本武力為八旗，俟政權成立後，即以國家名器——官職為酬庸，優待旗人仕宦的機會與職位，以致旗人擔任高級與基層地方官者都占有相當比例〔註9〕，在中央各部門與國子監的中高級官員中，因有滿缺之名目

〔註7〕《南海縣志》，卷十五，頁1。

〔註8〕例如：嘉慶四年（1799）鄧禹鈞大挑授江西安遠訓導，在任十餘年。「安遠風氣剛勁，多械鬥。甫蒞任招致諸生曰以人讓為教。有鍾葉二姓以爭山殺傷多人。邑令往止，大為所困。不得已請禹鈞至，則立投戰具，悉聽其言。由是兩姓息爭，大憲聞加優獎。」（《建昌府志》，卷八，頁68）

〔註9〕滿人居統治階層，無論中央官或地方官，位愈高權愈重者，旗人愈多。以嘉慶朝的地方官而言，旗人任知縣者占總數4%，散州知州10.9%，直隸州知州14%，知府21.2%，按察使40%，布政使37.8%，巡撫42.1%，總督59.6%（根據：李國祁、周天生，〈清代基層地方官人事嬗遞現象之量化分析〉，《臺灣師範大學歷史學報》，第二期，頁349～355、魏秀梅，〈從量的觀察探討清季布政使之人事遞嬗現象〉，《中央研究院近代史研究所集刊》，第三期下冊，頁478、魏秀梅，〈從量的觀察探討清季督撫的人事遞嬗〉，《中央研究院近代史

以保障旗人官員名額〔註 10〕，但是旗人受文化水準較漢人爲低的限制，任學政或地方學官者爲數甚少〔註 11〕。就各省地方學官言，僅直隸與奉天偶有少數旗人。漢人得以在中央和地方學官之職位中占優勢，實因滿人雖然能踞政軍要津，但本身文化素養大多不高，無法與涵泳文化深厚的漢人一爭短長，只好將教育界職位拱手讓與漢人。

　　清代地方學官的籍貫以本府以外的本省人士爲主，但是亦有例外。例如：順治與康熙初期仍受前明學官任用法之影響，間用近省與本府人士，只是爲數不多。湖南與湖北、江蘇與安徽、陝西與甘肅等省學官，因爲行政區劃的因素，在康熙初年分省之前，各自可以互相銓選。湖廣、江南二省雖在康熙年間已分設行省，直到嘉道時期，湘鄂與蘇皖的學官因地理鄰近與歷史淵源，仍有互選之例，咸同以後這些省分的學官才全用本省人。因此這些省分學官籍貫屬分省前省分之比例即高於本來即自成一省者。例如江蘇 22.3%、湖南 21.9%、湖北 4.9%，高於浙江之 1.6%、河南之 1.7%、廣東之 2.5%。

　　本節所附七省學官籍貫統計表，由其籍貫與任所之關係可見和清代各省境內人才的地理分布情形大致相合，實爲各省人地關係中值得細究的現象。由各省學官任職之地可看出兩個顯相：一爲鄰近府州籍任者較多；一爲行政中心、文風興盛、經濟富裕之府州，尤以籍隸各省首府者爲多。前者係爲就任教職者之便利，後者因學官無論由正途出身或捐納而得，均以籍隸富庶與文風興盛之區者，機會較多。這種情況不僅在同省中各府相比如此，即在一府中各縣相比亦然。在各府教官的總數中，籍隸首縣者常居領先地位〔註 12〕。

研究所集刊》，第四期上冊，頁 266）。

〔註10〕清代文官制度的特點之一是透過官缺的劃分來維護滿人的特權，在中高品級京官中，滿人比漢人占優勢，六部尚書、侍郎都是滿漢各一，滿人品秩有時高於漢人；郎中、員外郎的滿人與漢人的數量懸殊；滿人占有許多重要部門的官缺，詳見艾永明，《清朝文官制度》，頁 125～128。

〔註11〕根據《欽定國子監志》，卷四十五，統計旗人任國子監管理監事大臣者占總數 35%、祭酒 28%、司業 37%、博士 24%，若僅就滿洲旗人言，分別占總數之 30%、25%、27%、22%，比例不如其他中央官職高。又據法式善，《清秘述聞》，卷九至十二，學政類之統計，旗人只占總數 3.8%。各省地方學官僅直隸省的旗人較多，根據本文直隸省學官籍貫統計表，旗籍學官僅占該省學官總數之 0.7%。

〔註12〕例如：籍隸江蘇省江寧府之 530 位學官中，上元、江寧二首縣即有 348 人，占 65.7%，其餘諸縣都不足五十人。淮安府 256 人中，首縣山陽即有 159 人，

　　由一省中各府學官人數懸殊的情形，又可以看出各省人才與文風的分布並不普及與平衡，僅是集中程度有別而已。例如江蘇與浙江學官籍貫的分布顯然是集中在太湖地區諸府，蘇常寧與杭紹嘉諸府之間懸殊尚不太大，廣東省則集中於珠江三角洲，尤其廣州府籍的學官就占該省學官總數的 1／3〔註13〕。直隸、湖北的學官籍貫分布情形類似江浙，與首府鄰近的地區人數最多；河南、湖南的學官籍貫分布類似廣東，首府比該省其他府州占絕對優勢。各省首府與各府首縣既爲該地區的政治、經濟與文化中心，人文薈萃，地位重要，學官的籍貫分布自然以這些首府與首縣爲主，儘管比例的數字有別，由下列各省學官籍貫統計表的結果可見其占領先地位是一致的。

表 3-1　清代直隸省學官籍貫統計表

任所＼籍貫人數	順天府	保定府	正定府	大名府	順德府	廣平府	天津府	河間府	承德府	宣化府	永平府	各散州	旗人	奉天及他省	未詳	合計
順天府	11	150	68	50	27	34	79	101	7	34	60	82	8	81	107	899
保定府	129	6	35	21	23	14	49	65	3	22	34	91	4	43	38	577
正定府	45	30	2	8	6	4	161	20	1	10	12	20	4	9	2	334
大名府	86	37	20	0	19	10	32	63	1	9	21	56	0	25	15	394
順德府	49	20	10	5	0	3	22	15	1	6	5	9	0	23	7	174

占 62.1%，都在一半以上。其他各省諸府亦以首縣人數爲多。《昆明縣志》，卷五〈選舉志〉，頁1稱：「勢之所趨，何途無才。滇縣首昆明，滇科名之盛，亦首昆明也。」並列舉自元英宗至治元年（1321）迄清宣宗道光二十一年（1841），凡進士126人，舉人928人，拔貢46人爲證。

〔註13〕Ho Ping-ti, *The Ladder of Success in Imperial China*, p.247, 表 3-6 統計清代全國產生進士最多的九府中，浙江省依次爲杭州、紹興、嘉興、湖州四府，江蘇省爲蘇州、常州二府，其餘爲福建省的福州府、廣東省的廣州府、江西省的南昌府。本文僅就學官作統計，結果亦與之相同。又據孫甄陶，《清代廣東詞林紀要》，頁 39～40，統計清代廣東籍翰林人數中，廣州府即占 70%，足見該省人才分布過度集中的情形。李潤強，《清代進士群體與學術文化》，頁 69，作者統計清代浙江十一府共考取進士 2,808 名，而杭州、嘉興、湖州三府就高達 1,761 名，爲全省進士總數的 62.7%。在這三府各州縣進士分布，也有明顯差異。杭州府主要集中在錢塘、仁和、海寧州；嘉興府的嘉興、秀水、嘉善、平湖、桐鄉；湖州府的烏程、歸安、德清，各府前二者皆係附郭之首縣。

															合計
廣平府	191	101	58	18	28	0	71	74	6	17	39	101	6	58	25	793
天津府	118	61	53	23	8	18	0	34	4	16	23	66	7	23	36	490
河間府	52	36	16	8	4	4	23	0	1	8	16	21	5	11	24	229
永平府	245	99	42	38	24	25	89	71	1	29	1	102	4	73	56	899
遵化州	7	7	2	4	0	1	6	3	0	2	3	4	1	7	10	57
易　州	29	17	8	4	4	7	9	19	1	6	5	12	0	37	3	161
冀　州	9	7	3	2	0		2	5	0	3	5	6	0	2	16	62
深　州	0	12	7		1		10	9	0	1	6	6	0	4	0	62
定　州	13	7	3	1	2	2	4	5	0	2	5	8	0	7	7	66
合　計	1037	625	342	191	158	131	579	515	29	171	252	613	39	416	378	5476
百分比	18.9	11.4	6.3	3.5	2.9	2.4	10.6	9.4	0.5	3.1	4.6	11.2	0.7	7.6	6.9	100

說明：1. 資料來源：根據本文徵引書目直隸省方志職官表統計。
2. 因直隸的散州數量多，爲簡化本表的欄位，「各散州」欄的數字是對於籍隸遵化州、易州、冀州、趙州、深州、定州共六州教官人數的總計。
3. 學官任地按規定應迴避本府，其間有極少例外情況。
4. 籍隸順天府者最高，占 18.9%，其次爲保定府 11.4%、天津府 10.6%。

表3-2　清代河南省學官籍貫統計表

任所 ＼ 籍貫人數	開封府	歸德府	陳州府	河南府	彰德府	衛輝府	懷慶府	南陽府	汝寧府	各散州	淅川廳	他省	未詳	合計
開封府	1	37	10	33	12	29	25	21	21	40	2	2	20	253
歸德府	86	0	27	40	18	27	49	19	14	67	3	8	15	373
陳州府	36	34	0	33	16	16	24	23	21	54	1	3	4	265
河南府	39	28	8	0	11	8	13	13	13	36	0	3	11	183
彰德府	76	47	31	47	0	27	39	34	21	90	0	12	9	433
衛輝府	67	62	23	52	20	0	43	29	24	58	1	14	5	398
懷慶府	67	76	26	47	33	45	2	28	17	77	3	5	14	440
南陽府	51	26	17	39	9	24	20	0	15	57	0	6	8	272
汝寧府	78	60	46	39	19	36	37	42	0	77	0	4	13	451
許　州	6	9	3	7	2	5	4	5	2	5	0	2	3	53

														合計
鄭　州	4	24	4	18	6	3	10	10	5	27	0	0	6	117
陝　州	25	15	4	7	8	9	11	6	6	19	0	2	1	113
汝　州	32	23	16	24	8	27	21	24	11	32	0	1	5	224
光　州	21	18	2	10	11	9	12	6	11	3	0	1	24	129
淅川廳	9	3	2	6	3	0	4	3	5	7	0	1	8	51
合　計	598	462	227	403	171	268	308	268	178	670	10	64	128	3755
百分比	15.9	12.3	6.0	10.7	4.6	7.1	8.2	7.1	4.8	17.9	0.3	1.7	3.4	100

說明：1. 資料來源：根據本文徵引書目河南省方志職官表統計。

2. 因河南的散州數量多，爲簡化本表的欄位，「各散州」欄的數字是對籍隸許州、鄭州、陝州、汝州、光州共五州教官人數的總計，導致比例甚至略高於首府。

3. 學官任地迴避本府的規定，河南省的情況比直隸嚴格。

4. 籍隸開封府的比例最高，爲15.9%，其次高於10%的有歸德府和河南府。

表3-3　清代江蘇省學官籍貫統計表

籍貫人數＼任所	江寧府	淮安府	揚州府	徐州府	通州	海州	海門廳	蘇州府	松江府	常州府	鎮江府	太倉州	皖省及他省	未詳	合計
江寧府	0	34	74	16	28	12	2	53	24	53	54	10	86	80	526
淮安府	79	0	77	22	36	15	1	33	28	64	38	16	112	54	576
揚州府	105	44	2	16	47	7	0	71	33	60	54	27	149	64	679
徐州府	150	96	95	2	48	23	3	74	34	56	63	22	195	167	1028
通　州	47	21	23	3	0	5	1	19	13	26	15	5	77	17	272
海　州	27	14	32	8	7	0	2	11	8	28	15	12	75	29	268
蘇州府	35	19	35	14	10	2	2	4	57	105	45	41	156	92	617
松江府	29	7	31	7	24	2	2	90	0	64	31	40	109	36	474
常州府	28	10	19	5	19	0	2	94	42	0	44	30	107	36	436
鎮江府	11	8	20	5	4	2	3	44	24	47	3	17	80	42	310
太倉州	19	2	3	3	9	3	0	76	27	41	17	0	85	32	325
合　計	530	256	419	102	230	73	18	569	291	544	379	220	1231	649	5511
百分比	9.6	4.6	7.6	1.9	4.2	1.3	0.3	10.3	5.3	9.9	6.9	4.0	22.3	11.8	100

說明：1. 資料來源：根據本文徵引書目江蘇省方志職官表統計。

2. 江蘇省人才分布比較平均，學官籍貫比例最高者爲蘇州府10.3%和江寧府9.6%，其次爲常州府和揚州府。

表3-4　清代浙江省學官籍貫統計表

籍貫＼任所人數	杭州府	嘉興府	湖州府	寧波府	定海廳	紹興府	台州府	金華府	衢州府	嚴州府	溫州府	處州府	他省	未詳	合計
杭州府	2	153	108	70	2	197	31	45	32	43	20	29	7	76	815
嘉興府	192	1	99	50	5	152	25	42	19	27	11	17	13	18	671
湖州府	130	68	1	22	2	75	16	23	12	27	8	14	4	38	440
寧波府	124	75	48	0	0	84	27	22	19	19	9	23	3	36	489
紹興府	132	93	56	47	4	1	19	26	29	16	7	17	54	4	505
台州府	129	94	51	31	0	107	0	31	14	13	13	39	5	66	595
金華府	82	63	36	25	0	71	19	10	17	21	14	13	3	45	419
衢州府	71	41	30	23	3	54	8	16	0	7	12	20	4	12	301
嚴州府	110	68	54	33	3	69	16	30	13	0	18	36	2	37	489
溫州府	69	47	38	25	0	38	14	21	16	14	0	13	0	55	350
處州府	244	118	95	95	5	161	48	70	43	44	47	0	5	84	1059
合　計	1285	821	616	421	27	1009	223	336	214	230	159	221	100	471	6133
百分比	21.0	13.4	10.0	6.9	0.4	16.5	3.6	5.5	3.5	3.7	2.6	3.6	1.6	7.7	100

說明：1. 資料來源：根據本文徵引書目浙江省方志職官表統計。

　　　2. 浙江省學官籍貫比例以杭州府21%最高，其次為紹興府、嘉興府、湖州府，皆在10%以上，比多山的金華府等地高出許多。

表3-5　清代湖北省學官籍貫統計表

籍貫＼任所人數	武昌府	漢陽府	安陸府	黃州府	德安府	荊州府	襄陽府	鄖陽府	宜昌府	荊門州	施南府	湘省及他省	未詳	合計
武昌府	0	80	24	74	21	33	14	8	15	6	3	14	23	315
漢陽府	50	8	27	36	212	17	11	3	10	4	1	8	14	401
安陸府	17	6	0	27	11	14	5	7	2	0	0	25	31	145
黃州府	164	168	64	2	69	74	27	27	31	3	7	24	45	705
德安府	68	65	43	71	0	28	22	18	5	4	4	16	18	362
荊州府	76	63	56	76	46	0	35	22	19	7	3	34	41	478

襄陽府	114	107	43	99	41	47	4	16	13	13	4	13	43	557
鄖陽府	75	62	24	69	33	37	22	0	10	6	9	27	45	419
宜昌府	9	6	7	18	5	10	5	2	0	0	1	0	9	72
荊門州	20	13	5	12	6	6	3	1	5	0	1	2	2	76
施南府	33	22	20	27	7	13	6	4	2	2	0	9	1	146
合　計	626	600	313	511	451	279	154	108	112	45	33	172	272	3676
百分比	17.0	16.3	8.5	13.9	12.3	7.6	4.2	2.9	3.1	1.2	0.9	4.7	7.4	100

說明：1.資料來源：根據本文徵引書目湖北省方志職官表統計
　　　2.湖北省學官籍隸首府武昌府的比例最高，達17%，其次爲漢陽府、黃州府、德安府，皆在12%以上。

表3-6　清代湖南省學官籍貫統計表

籍貫 任所　人數	長沙府	寶慶府	岳州府	常德府	辰州府	沅州府	永順府	衡州府	永州府	各直隸州	各直隸廳	鄂省及他省	未詳	合計
長沙府	2	68	69	69	61	23	17	110	48	138	21	234	5	865
寶慶府	137	0	25	16	21	20	1	31	17	44	10	83	1	406
岳州府	110	20	0	7	14	6	4	30	14	27	12	79	5	328
常德府	103	16	17	0	13	4	3	26	13	38	2	88	6	329
辰州府	76	18	17	8	0	1	5	14	11	41	1	61	0	253
沅州府	40	10	11	8	4	0	1	15	8	23	2	37	1	160
永順府	41	8	6	6	5	0	0	9	12	19	3	2	0	111
衡州府	152	23	36	20	12	6	5	1	26	46	17	109	2	455
永州府	174	28	56	23	31	6	3	45	0	73	10	134	3	586
桂陽州	57	17	22	14	6	10	2	18	10	23	8	31	17	235
郴　州	117	17	24	17	14	9	2	25	28	34	13	78	11	389
澧　州	87	29	15	13	14	7	6	26	17	25	11	55	11	316
靖　州	74	24	6	9	8	3	2	20	11	24	1	45	1	228
直隸廳	22	6	7	4	1	0	3	13	4	11	1	1	0	73
合　計	1192	284	311	214	204	95	54	383	219	566	112	1037	63	4734
百分比	25.2	6.0	6.6	4.5	4.3	2.0	1.1	8.1	4.6	12.0	2.4	21.9	1.3	100

說明：1. 資料來源：根據本文徵引書目湖南省方志職官表統計。

　　　2. 本表「各直隸州」欄包括桂陽、郴州、澧州、靖州四州，「各直隸廳」之欄與列包括乾州廳、鳳凰廳、永綏廳、晃州廳四廳。由於籍屬各直隸州或直隸廳的學官有被分到其他直隸州或直隸廳任職者，為免過於煩瑣，以及這些州廳的人數並不甚多，因此混合一起計算，在本表上就未顯示出細部數字，當然實際上是迴避本州與本廳的。

　　　3. 湖南省學官籍隸長沙府者比例極高，達 25.2%，其次是衡州府、岳州府、寶慶府，分別僅占 8.1%、6.6%、6%，與首府相比，頗為懸殊。

表 3-7　清代廣東省學官籍貫統計表

任所＼籍貫人數	廣州府	肇慶府	韶州府	嘉應州	惠州府	潮州府	高州府	雷州府	陽江廳	廉州府	瓊州府	其他州廳	他省	未詳	合計
廣州府	28	155	43	79	83	169	59	36	32	11	40	86	43	30	894
肇慶府	298	3	40	44	77	88	42	19	1	9	28	50	19	15	733
羅定州	56	14	3	8	10	10	1	2	2	2	4	3	2	12	129
韶州府	198	62	0	21	36	44	21	8	13	10	21	40	15	16	505
南雄州	28	6	1	5	6	5	1	2	0	1	0	4	1	2	62
連　州	17	3	7	1	7	3	10	2	2	1	1	3	3	9	70
嘉應州	63	19	4	0	8	16	7	2	8	8	2	5	3	2	147
惠州府	292	81	39	47	6	61	34	21	22	9	25	37	15	8	697
潮州府	218	50	14	22	53	2	16	6	6	2	8	21	4	6	428
高州府	237	79	19	48	21	44	0	20	16	6	33	48	13	18	602
雷州府	40	13	6	17	17	19	27	2	5	3	33	13	8	10	213
廉州府	68	18	5	12	19	24	7	9	10	0	11	15	1	2	201
欽　州	20	5	2	3	2	10	2	2	6	0	7	3	0	0	62
瓊州府	152	40	10	32	35	31	53	13	9	3	2	11	2	7	400
合　計	1715	548	193	341	383	530	272	143	131	61	218	342	129	137	5143
百分比	33.3	10.7	3.8	6.6	7.5	10.3	5.3	2.8	2.5	1.2	4.2	6.6	2.5	2.7	100

說明：1. 資料來源：根據本文徵引書目廣東省方志職官表統計。

　　　2. 由於籍隸嘉應州、陽江廳的學官人數不少，甚至超過一些府的總數，因此本表「其他州廳」欄將此二州廳除外，「其他州」包括羅定州、南雄州、連州、欽州、崖州五州，「其他廳」包括連山廳、陽江廳二廳。由於籍屬各直隸州或直隸廳的學官有被分到其他直隸州或直隸廳任職者，為免過於繁瑣，以及這些州廳的人數並不甚多，因此混合一起計算，在本表上就未顯示出細部數字，當然實際上是迴避本州與本廳的。

　　　3. 廣東省學官籍隸廣州府者高達 33.3%，其次是肇慶府 10.7%，潮州府 10.3%，與首府相比，亦頗懸殊。

第二節　出　身

　　科舉制度爲隋唐以來政府任用官員的主要方法。唐太宗以此爲誘使天下英雄入彀之策，宋眞宗也於〈讀書好〉一詩中，以書中自有千鍾粟、書中自有黃金屋、書中自有顏如玉等現實生活中的享樂，來吸引讀書人紛紛走進考場，參與競爭。讀書人通過科第門檻博得功名，幸運者可獲高官厚祿、封贈祖先、封妻蔭子、光宗耀祖、享有特權等富貴榮華，遂使社會大眾趨之若鶩，強化讀書人進入這個名額有限、競爭激烈場域的科舉意識，希望多年的寒窗苦讀，能夠考取功名，謀得一官半職，提高社會地位。

　　科舉制度在政府實際運作的層面上，由於傳統時代官位有限，錄取名額極爲有限，然而競逐者眾，得志者僅是少數人。更多的是消磨數十載光陰猶未博取一襲青衿的老童生，讀書不成，又不能從事其他行業，往往一生窮愁潦倒。其中幸而能由眾多童生裡脫穎而出，進入學校正式成爲「生員」（亦稱諸生、庠生，通稱秀才）者，須受政府所設學官管理，直到出貢、中舉、或入學三十年、年屆七旬爲止。貢生或生員通過每三年一次在省城舉辦的鄉試者，即爲「舉人」。貢生與舉人雖皆有入仕資格，爲求取更高功名與更好機會，即須赴京參加通常三年舉行一次的會試、殿試，通過者即爲「進士」，無論在中央或地方任官，其機會自然比舉人或貢生爲高爲優。因此，這種最高的功名，對讀書人而言，往往具有莫大的，甚至可說是致命的吸引力。

　　科舉制度誠有激勵士人奮發上進的動力，但其考試內容與往後仕宦面對的問題關聯不大，考試過程也常見弊端，都是備受批評之處。然因其與仕途有密切關係，在未有更爲公平合理的甄別人才方法之前，考試仍是可被接受的途徑。清季各地亂事頻仍，國家財政吃緊，大開捐納之門，功名、官職、官銜等皆可由捐納獲得，儘管需財孔亟，清政府仍不准童生經由捐輸而入學爲生員〔註14〕，舉人、進士惟有通過鄉會試才可獲得，總督巡撫等高級官員也不可由捐納獲得，尙能維持國家名器的一絲尊嚴與科舉制度相對客觀公平競爭的性質，因此仍爲當時人士所注重。儘管如此，捐納對教育的影響是存在的，例如各地學額可經捐輸而增加，即所謂「增廣學額」，學官等職銜也可經捐輸而獲得。

〔註14〕山西學政孫晉璂以奏請令考試童生捐輸報效錄取入學而被斥責：「爲學政既自居於冒濫之實，又貽士子以賄買之名，仍無補於國家經費。……所請著不准行。」（《咸豐朝聖訓》，卷十四，頁3）

　　清代就任地方教官者，除前節所論因家人情況考量自願就教職者外，尚有下列數因：地方官員額之限制、個人志願才具與科場際遇。

　　清代全國文官的來源是多元的，《清史稿》選舉志五云：「凡滿漢入仕，有科甲、貢生、監生、蔭生、議敘、雜流、捐納、官學生、俊秀。定制，由科甲及恩拔副歲優貢生、蔭生出身者，爲正途，餘爲異途。……其由異途出身者，漢人非經保舉，漢軍非經考試，不授京官及正印官，所以別流品，嚴登進也。」說明官員來源有正途和異途兩種，正途包括科舉取士與貢監出身，異途包括考職與捐納。由於全國官員的名額有限，約一萬五千餘人，僅科舉及貢監出身的新人供應即源源不絕，經年累月，就足以造成供過於求，仕途壅滯，若再加以異途，欲謀官職，就更加困難。平均而言，全國每逢會試之年約產生二百餘名進士，逢鄉試之年約產生二千餘名舉人以及若干鄉試下第之前列者爲副貢、各府學每年有一名歲貢、州學每三年二貢、縣學每二年一貢、還有督撫學政等人於新君主登基之年選出的孝廉方正、國家有慶典時選出的恩貢、三年一舉的優貢、十二年一選的拔貢〔註15〕等，這些人絕大多數志在爲官，總數量也很驚人。在政府功能分化未細緻及承平時期，人事的新陳代謝趨緩，供應過多即無法完全吸收，加以異途出身者亦可分一杯羹，仕途遂更形壅塞〔註16〕。因此，在開國之初，需才尚亟，數十年後即有過剩現象〔註17〕。在這種情形下，舉人或貢生只得就任教職，總比虛耗光陰等待獲取知縣等官爲實在。

　　雍正年間舉人有需次三十年才得知縣一缺，果使壯歲獲售科名，若不得及鋒而試，晚遇者已是年力就衰，不能勝任繁劇，對國家與個人都是損失。乾隆年間遂定大挑之制，以爲補救。規定凡會試三次下第之舉人，可參與大挑，按其年貌，挑得一等者授知縣，二等者授教職。這項彈性措施雖有照顧舉人之美意，然以挑出知縣後剩下之舉人再選學官，學官之職竟被用作安插

〔註15〕雍正間有六年選拔貢者，不久恢復十二年拔貢之制。

〔註16〕許大齡研究捐納對仕途的影響稱：「清代自雍乾以後，大捐時開，捐納者既增多，銓途日塞，於是有多年不得補授實缺者。」（許大齡，《清代捐納制度》，頁89）

〔註17〕順治時吏部尚書陳名夏等奏言：「舊例各省道府州縣等官俱俟三年考滿，方准升遷。今地方需人，若必待考滿，勢必懸缺。」（《清世祖實錄》，卷四十四，頁5）乾隆時制定六年一次大挑舉人之法，至嘉慶十九年時即因：「現任分發各直省者爲數過多，該舉人等挑選以後，補缺無期。……此次若再照例挑選發往，更形壅滯。」而暫停一科（《欽定吏部則例》（二），卷四，頁13）。

失意舉人之出路，實與清廷一再強調學官職責重大之旨背道而馳〔註18〕。因此，有些挑得二等而任學官的舉人即有自卑感。

貢生有正貢、例貢之分，恩、拔、副、歲、優五貢爲正貢，由廩生、增生、附生捐得貢生者爲例貢。正貢生經朝考可任知縣、州同、州判、縣丞、主簿、吏目等官，願任教職者准以教職候補，恩、拔、副貢多以教諭用，歲、優貢多以訓導用，例貢生可經捐納得教職。由於候選教職比候選地方官容易，候缺時間較短，急於仕宦者如不計較待遇，亦願就教職。

就個人志趣言，若是志在教育英才或是讀書著書，學官正爲理想的職位。例如著名藏書家錢泰吉就認爲學官是「官冷身閒可讀書」的工作，他在學官任內，勤於研讀，遂精考證之學〔註19〕。就才力言，科舉考試常被認爲所考非所用，即使所謂「老虎班」的進士知縣亦有因才力不及，難勝繁劇，不是自行呈請改任教職，就是大計被黜，因文理尚優而降任教職，舉人任職地方官者亦有此情形。就科場際遇言，有些舉子久躓場屋，心灰意冷之餘，不得已而任教職；有些則堅定不餒，屢敗屢考，不願因就任地方官而斷送考中進士之機會，遂暫且棲身教職，既有薪俸可領，又准參加鄉會試，同時教學相長，不至於荒廢經書，實爲一舉數得〔註20〕。

由本節所附表 3-8 至表 3-11 清代學官出身統計表中，可見府學教授以進士、舉人爲主，分別占總數之 26.5% 和 31.6%；州學學正、縣學教諭以舉人爲主，分別占其總數之 63% 和 42.5%；府州縣學之訓導以歲貢和舉人爲主，歲貢占 31.5%（各項正貢合計 50.3%），舉人占 20.7%。就整體而言，以舉人與正貢爲主，舉人出身者平均 39.5%，約占四成，正貢 31.3%。

順治康熙時期，歲貢在教授、學正和教諭中尚占相當比例，但在雍正以

〔註18〕雍正四年上諭：「教官有化導士子之責，較理民之任，關繫尤重。」（《大清會典事例》，卷三六九，頁 13）清代著名理學家、道光朝廣東學政李棠階曾戒諭學官：「士子爲風化之原，而教職實士子之倡，專司訓課，人心風俗之本係焉，將相牧令之才基焉，所關綦重。」（《皇朝政典類纂》，卷二二〇，頁 14）

〔註19〕錢泰吉，《甘泉鄉人稿》，頁 15。

〔註20〕按照規定，就任地方官後，不必與士子爭奪機會，不得參加會試。因「知縣久膺民社，已歷陞途，即降補之司員，果能奮勉，亦仍可保題，不必與士子復爭進取。」（《皇朝政典類纂》，卷一九四，頁 3）順治二年制定學官以及在籍恩貢、歲貢、監生願就鄉試者，均許與生員一體送考，學官可參加鄉會試（《大清會典事例》，卷三三七，頁 1）。魏行方屢躓春闈，大挑知縣，然恆以未成進士爲憾，乃呈改教職，以參加會試（《永平府志》，卷五十九，頁 31）。

後即形銳減，代之者是教授為進士與舉人的人數激增，雍乾時期兩項合計達79.1%；學正、教諭則是舉人比例的增加，雍乾時期舉人在學正中占75.9%，在教諭中占47%。訓導出身在乾隆之前歲貢最多，雍正朝高達55.2%，嘉慶以後亦以舉人為最多，嘉慶朝占42.5%。這種因仕途壅滯造成的現象，竟有提高學官素質之果。另一方面，也可說是學官的職位具有紓解高級功名進入仕途壓力的作用。

學官人選以舉人與正貢為主，表示清初學官人選尚稱優秀。誠如山東《邱縣志》編者的觀察與比較：「有明盛時，教職滿考猶有外擢為台翰者，厥後凌夷弛廢，師生相接，至惟以束修為寒燠，而置文章德行於弗問，其所以為諭為導者何事也。今熙朝右文興學，悉停例貢捐監，專以正途考選銓授，廣文一道，蕭然廓清，吾知行修之儒，必有以自勵其間矣。」〔註21〕但是乾嘉以後，清朝國勢由盛轉衰，學官組成分子的出身結構又生變化。清初有貢生或生員、俊秀捐納學官者，但是並非長久之計，而且為數不多，對正途出身者尚無大礙，然而當時已有人力言其弊〔註22〕。雍正元年遂令捐貢教諭改任縣丞，捐納訓導改任主簿，惟不久又恢復捐教之例。

嘉道以後，清廷迫於內憂外患，大開捐納，有軍功之生員、監生亦有改授教職者，例貢與生員在學官中比例大幅增加，尤以咸同時期為最〔註23〕。

〔註21〕《邱縣志》，卷五，頁15。

〔註22〕江南學政許汝霖於康熙三十三年力陳捐納教職之弊以及補救之方曰：「教職雖微，訓士之責實重，進士舉人歲貢得充其任。後因生員援貢授教，其途始雜。近乃以俊秀而亦得為之，年甫成童，胸無點墨，未嘗一識宮牆之徑，忽然南面而臨其上，欲使三四十歲、五六十歲淹博宿儒執經而修弟子之禮，心既有所不服，教又安所施？臣愚謂俊秀授教，似宜永停，其已納者，或量改佐貳，否則倣古限年之例。……庶幾可以率諸生而課多士。」（《皇清奏議》，卷二十二，頁43）

〔註23〕據表3-8、表3-9、表3-10、表3-11統計出身例貢與生員之學官比例如下：

時期 職稱	順治～乾隆	嘉慶～道光	咸豐～同治	光緒～宣統	平　均
教　授	1.3	8.7	16.5	11	9.4
學　正	2.9	9.8	24.3	21.9	14.7
教　諭	3	15	28.5	27.5	18.5
訓　導	5.1	18.2	33.7	29.9	21.7
平　均	3.1	12.9	25.8	22.6	16.1

此類學官固不乏認眞教學之人，然其動機與品學大多較正途出身者爲差，以致於影響教學成果〔註 24〕。故大致而言，例貢或生員捐得教職比例的增多，當可視爲清季地方儒學趨向敗壞的原因之一。

以下諸統計表分別列出清代各級學官出身與變化的情形。

表 3-8　清代府學教授出身統計表

出身＼人數與百分比＼朝代	順治	康熙	雍正	乾隆	嘉慶	道光	咸豐	同治	光緒	合計與百分比
進　士	34	54	47	197	61	60	12	17	11	493
	13.3	13.2	44.3	49.6	36.3	27.9	10.5	14.7	13.4	26.5
舉　人	19	177	38	113	49	66	45	45	37	589
	7.5	43.2	35.8	28.5	29.2	30.7	39.5	38.8	45.1	31.6
恩　貢	14	1	0	3	0	1	1	3	2	25
	5.5	0.2	0	0.8	0	0.5	0.9	2.6	2.4	1.4
拔　貢	7	18	2	25	15	9	4	7	5	92
	2.8	4.4	1.9	6.3	8.9	4.2	3.5	6	6.1	4.9
副　貢	1	10	4	16	4	1	3	3	0	42
	0.4	2.4	3.8	4	2.4	0.5	2.6	2.6	0	2.3
優　貢	0	0	0	1	1	1	4	0	0	7
	0	0	0	0.3	0.6	0.5	3.5	0	0	0.4
歲　貢	64	82	9	0	3	1	1	4	3	167
	25	20	8.5	0	1.8	0.5	0.9	3.4	3.7	9
貢　生	48	33	0	9	6	5	0	1	3	105
	18.8	8.1	0	2.2	3.6	2.3	0	0.9	3.7	5.6

可見主要以捐納方式獲得學官職位之比例，時期橫軸中，以清初爲最低，嘉道年間增加許多，咸同時期達於高峰，學正近 1／4，教諭已過 1／4，訓導更多達 1／3，光緒年間雖有下降，仍比清初爲高。再者，由職別縱軸中，可見捐納得教職之比例與其職級高低呈反比，教授最低，訓導最高。

〔註24〕光緒九年四月，御史陳啓泰奏：「自捐納一開，品流甚雜，教官中竟有目不識丁之人。入學食餼，本由槍替而得。納貲選缺，勢必取盈。庇縱劣生，干預詞訟，皆意計中事。應請飭部將教職捐納一班以巡檢主簿對品佐雜各官銓選。」（《光緒朝東華錄》，頁 1497）《安縣志》中也有如下的記載：「咸豐兵燹後，而教官有由附生加捐者。諸生遂不屑受考，教官亦自知不足爲師，季課遂有名無實矣。」（《安縣志》，卷二十八，頁 3）

	順治	康熙	雍正	乾隆	嘉慶	道光	咸豐	同治	光緒	合計
例　貢	0	4	0	8	16	15	18	20	7	88
	0	1	0	2	9.5	7	15.8	17.2	8.6	4.7
生　員	0	5	1	3	0	1	0	0	2	12
	0	1.2	1	0.8	0	0.9	0	0	2.4	0.6
其　他	0	2	0	0	2	2	0	0	0	6
	0	0.4	0	0	1.2	0.5	0	0	0	0.3
未　詳	68	24	5	22	11	53	26	16	12	237
	26.7	5.9	4.7	5.5	6.5	24.5	22.8	13.8	14.6	12.7
合　計	255	410	106	397	168	215	114	116	82	1863
	100	100	100	100	100	100	100	100	100	100

說明：1. 資料來源：根據本文徵引書目河北、河南、江蘇、浙江、安徽、湖北、湖南、四川、廣東、雲南十省方志職官表統計而成。

2. 宣統朝人數因數量少，未計入。

3. 本表貢生包括各正貢，其他一項包括孝廉方正、貢士、監生等。

表 3-9　清代州學學正出身統計表

出身\人數與百分比\朝代	順治	康熙	雍正	乾隆	嘉慶	道光	咸豐	同治	光緒	合計與百分比
進　士	3	1	3	13	2	7	0	1	1	31
	1.6	0.2	2.1	2.4	1	2.4	0	0.7	0.5	1.3
舉　人	76	314	110	408	149	168	68	76	110	1479
	41.3	63.6	76.9	74.9	72.6	57.3	60.7	49	51	63
恩　貢	2	0	1	3	3	1	1	3	3	17
	1.1	0	0.7	0.5	1.5	0.4	0.9	1.9	1.4	0.7
拔　貢	2	16	0	20	5	16	4	6	9	78
	1.1	3.2	0	3.7	2.4	5.5	3.6	3.9	4.2	3.3
副　貢	1	1	3	1	3	6	0	3	6	24
	0.5	0.2	2.1	0.2	1.5	2	0	1.9	2.8	1
優　貢	0	0	0	1	0	2	0	1	5	9
	0	0	0	0.2	0	0.7	0	0.7	2.3	0.4
歲　貢	20	52	10	19	1	5	3	5	11	126
	10.9	10.5	7	3.5	0.5	1.7	2.7	3.2	5.1	5.4

	順治	康熙	雍正	乾隆	嘉慶	道光	咸豐	同治	光緒	合計
貢　生	38	36	5	13	4	2	3	3	4	108
	20.7	7.3	3.5	2.4	2	0.7	2.7	1.9	1.9	4.6
例　貢	0	20	4	20	13	31	20	29	36	173
	0	4	2.8	3.7	6.3	10.6	17.8	18.7	16.8	7.4
生　員	0	3	0	3	2	5	4	13	11	41
	0	0.6	0	0.5	1	1.7	3.6	8.4	5.1	1.8
其　他	6	0	0	1	0	0	0	0	2	9
	3.3	0	0	0.2	0	0	0	0	1	0.4
未　詳	36	51	7	43	23	50	9	15	17	251
	19.5	10.3	4.9	7.9	11.2	17	8	9.7	7.9	10.7
合　計	184	494	143	545	205	293	112	155	215	2346
	100	100	100	100	100	100	100	100	100	100

說明：1. 資料來源：根據本文徵引書目河北、河南、江蘇、浙江、安徽、湖北、湖南、四川、廣東、雲南十省方志職官表統計而成。
2. 宣統朝人數因數量少，未計入。
3. 本表貢生包括各正貢，其他一項包括孝廉方正、貢士、監生等。

表3-10　清代縣學教諭出身統計表

出身＼朝代 人數與百分比	順治	康熙	雍正	乾隆	嘉慶	道光	咸豐	同治	光緒	合計與百分比
進　士	15	7	30	41	13	11	3	1	2	123
	1	0.3	3.4	1	0.8	0.6	0.3	0.1	0.2	0.8
舉　人	551	1010	404	1794	812	928	385	419	298	6601
	37.1	36.9	46.6	47.4	47.4	46	41	35.2	32	42.1
恩　貢	39	35	52	150	43	22	23	47	29	440
	2.6	1.3	6	4	2.5	1.1	2.5	3.9	3.1	2.8
拔　貢	35	216	89	531	179	195	55	71	73	1444
	2.4	7.9	10.3	14	10.4	9.7	5.9	6	7.8	9.2
副　貢	16	90	63	320	90	93	34	43	33	782
	1.1	3.3	7.3	8.5	5.3	4.6	3.6	3.6	3.6	5
優　貢	0	0	0	7	7	25	4	16	14	73
	0	0	0	0.2	0.4	1.2	0.4	1.3	1.5	0.5

	順治	康熙	雍正	乾隆	嘉慶	道光	咸豐	同治	光緒	合計
歲　貢	274	653	91	305	86	70	45	58	70	1652
	18.4	23.9	10.5	8.1	5	3.5	4.8	4.9	7.5	10.5
貢　生	239	308	31	114	73	72	36	33	19	925
	16.1	11.3	3.6	3	4.3	3.6	3.8	2.8	2	6
例　貢	5	109	13	166	197	277	212	313	208	1500
	0.3	4	1.5	4.3	11.5	13.8	22.6	26.3	22.3	9.6
生　員	11	6	2	30	41	45	37	50	48	270
	0.7	0.2	0.2	0.8	2.4	2.2	3.9	4.2	5.2	1.7
其　他	16	29	3	8	0	6	2	0	6	70
	1.1	1	0.3	0.2	0	0.3	0.2	0	0.6	0.4
未　詳	286	271	89	320	172	271	103	139	132	1783
	19.2	9.9	10.3	8.5	10	13.4	11	11.7	14.2	11.4
合　計	1487	2734	867	3786	1713	2015	939	1190	932	15663
	100	100	100	100	100	100	100	100	100	100

說明：1. 資料來源：根據本文徵引書目河北、河南、江蘇、浙江、安徽、湖北、湖南、四川、廣東、雲南十省方志職官表統計而成。

2. 宣統朝人數因數量少，未計入。

3. 本表貢生包括各正貢，其他一項包括孝廉方正、貢士、監生等。

表 3-11　清代府州縣學訓導出身統計表

出身＼朝代 人數與百分比	順治	康熙	雍正	乾隆	嘉慶	道光	咸豐	同治	光緒	合計與百分比
進　士	3	0	6	15	5	7	0	5	5	46
	0.2	0	0.5	0.3	0.3	0.3	0	0.4	0.4	0.3
舉　人	44	108	52	896	825	988	313	257	378	3861
	2.7	3.4	4.3	18.7	42.5	42.1	32.9	21	29.3	20.7
恩　貢	40	58	14	34	10	15	9	28	21	229
	2.5	1.8	1.2	0.7	0.5	0.6	0.9	2.3	1.6	1.2
拔　貢	23	58	20	262	109	99	31	44	63	709
	1.4	1.8	1.6	5.5	5.6	4.2	3.2	3.6	4.9	3.8
副　貢	4	37	11	78	37	76	17	31	31	322
	0.2	1.1	0.9	1.6	1.9	3.2	1.8	2.5	2.4	1.7

優　貢	0	3	1	40	24	49	13	31	32	193
	0	0.1	0.1	0.8	1.2	2.1	1.4	2.5	2.5	1
歲　貢	661	1638	668	1994	317	211	95	143	138	5865
	40.6	50.9	55.2	41.5	16.3	9	10	11.7	10.7	31.5
貢　生	359	603	223	425	115	149	73	63	49	2059
	22	18.7	18.4	8.9	5.9	6.4	7.7	5.1	3.8	11.1
例　貢	8	145	39	436	279	391	236	386	290	2210
	0.5	4.5	3.2	9.1	14.4	16.7	24.8	31.5	22.5	11.9
生　員	4	19	9	73	49	62	54	66	95	431
	0.2	0.6	0.7	1.5	2.5	2.7	5.7	5.4	7.4	2.3
其　他	44	8	5	3	0	3	2	0	5	70
	2.7	0.2	0.4	0.1	0	0.1	0.2	0	0.4	0.4
未　詳	440	544	163	544	172	295	109	171	181	2619
	27	16.9	13.5	11.3	8.9	12.6	11.4	14	14.1	14.1
合　計	1630	3221	1211	4800	1942	2345	952	1225	1288	18614
	100	100	100	100	100	100	100	100	100	100

說明：1. 資料來源：根據本文徵引書目河北、河南、江蘇、浙江、安徽、湖北、湖南、四川、
廣東、雲南十省方志職官表統計而成。

2. 宣統朝人數因數量少，未計入。

3. 本表貢生包括各正貢，其他一項包括孝廉方正、貢士、監生等。

第四章　清代地方學官之任期、升黜與年齡

第一節　任　期

　　清代規定地方學官六年俸滿，邊區及煙瘴之地三年至五年俸滿，即可以升遷〔註1〕。然而這些規定只是原則性的，學官實際任期長短的差異很大，有數次俸滿仍未升，亦有未俸滿即遷官者。根據本節所附學官任期統計表，可見清代學官在一地連任六年以上者，達總數 25～30% 之間（教授 26.2%、學正 29.6%、教諭 27%、訓導 26.4%），較三年俸滿即可升遷的基層地方官在一地任期達三年以上的比例在 20～24% 之間為高（知府 23.9%、直隸州知州 19.5%、散州知州 23%、知縣 21.3%）〔註2〕；而學官在一地任職三年以上者，其比例達 44～46%（教授 45%、學正 46.2%、教諭 43.7%、訓導 44.6%）〔註3〕，更是遠高於基層地方官兩成多。

〔註1〕 《欽定大清會典事例》，卷六十二，頁22，「教職六年俸滿，統於歲底俟學臣試竣回省之日，公同驗試，分別題咨辦理。」對於邊省或與煙瘴之地另有很人性化的規定，例如：「廣東崖州、感恩、昌化、陵水四州縣，水土最為惡毒，州縣佐雜教職等官，於內地調補，三年俸滿即升。」（《欽定大清會典事例》，卷六十七，頁2）「安西府及淵泉等三縣訓導照邊缺之例，遇有缺於內地人員揀選，五年俸滿。」（《欽定大清會典事例》，卷六十六，頁2）

〔註2〕 根據李國祁、周天生，〈清代基層地方人事遞嬗現象之量化分析〉，《歷史學報》，第二期，台灣師大歷史系所，頁317～318。

〔註3〕 根據本章表4-1、表4-2、表4-3、表4-4中，3～4年至20年以上各欄數字加總所得。

學官任期較地方官任期長，原因如下：

（一）學官品秩低，無養廉銀，所得比地方官少，故願任學官者遠不及地方官多。

（二）一旦任學官後，上升的流動性低，除非在特殊狀況有特殊表現，不僅無超擢機會，即使升知縣也不容易。清初盛世社會相對安定，官員表現機會很少，各省督撫大計所舉卓異官員有定額，學政亦不得濫行保舉學官，因而一生終老於教職者，為數甚多。

（三）學官生涯別有樂趣，淡泊名利者不屑營求，喜育英才者則可自得其樂，不若地方官須有理財之方與治民之術，以處理繁劇的公務。

（四）學官除非實在庸劣衰朽，否則不得任意淘汰〔註4〕，政府對學官一職既有保障，故常見進士或舉人出身之地方官因不勝繁劇而自動地請改教職或被動地降任學官，比當地方官為合適，因此也有不少學官，即使在職數十年，安於其位，不願求遷。

儘管學官較地方官任期為久，如本節附表的統計可見，學官任期以一年以下者所占百分比為多，其餘大致依表列次序依年數遞減，至於任期在九年以上者又有增加，這是由於為了統計方便，將任期在十年以上之各項一併算入九年以上，數量自然增大。就各朝而言，皆是任期愈長者為數愈少；就整個清代而言，愈往後期，任期短者愈多，顯示受捐納及亂世表現機會較多的影響，各類基層官員的流動性變高所致。

康雍兩朝學官任期在一年以下者不超過 10%，乾嘉時期繼長增高，及至道咸同光諸朝，高達 40% 左右。任期在九年以上的人數，清初除順治朝因百廢待舉，需才甚急，升遷較快而所占比例較少外，康雍乾嘉諸朝學官任期達九年以上的比例都在 15～25% 之間，道咸同時期漸減，至光緒朝已均不及10%。清代學官這種任期長短的消長趨勢，正反映著時代背景的變動。嘉道以還，內憂外患紛至沓來，影響所及，頗有加速地方官員人事遞嬗速度之現象〔註5〕。局勢的變化對學官而言，軍興之際正是有才幹的學官表現良機，

〔註4〕《欽定大清會典事例》，卷八十，頁13。
〔註5〕根據李國祁、周天生，〈清代基層地方人事遞嬗現象之量化分析〉，《歷史學報》，第二期，台灣師大歷史系所，頁323～326。對清代由正途出身之基層地方官任期在一年以下者統計如下：

自易被拔擢，或被聘任爲封疆大吏或基層地方官之幕僚，爲府主籌劃對策；其次，太平天國軍隊所到之處，有些學官因固守明倫堂不肯屈服，有些因苟且偸生而離任，有些因動亂而無法赴任〔註6〕，皆導致署代教官職務增多，任期縮短的現象。其間有以軍功或捐貲被安插爲教職，或再以軍功或納貲而升官者，其任期即較一般正途出身者爲短。總之，嘉慶以來政治腐敗，社會不安，影響甚爲廣泛，教職任期短者數量增多，實與大環境的變動有密切關聯。

　　地方官任期長短勢必影響吏治，過短可能尙未熟悉業務即另有他就，過長也易滋生弊端；學官任期長短也會影響敎育，任期過長表示升遷不易，缺乏鼓勵作用，且有因疲軟而生怠惰之心者，甚至易受地方勢力左右，難免有反效果，當然這須視個人的修養與定力而定。但若在一地任期照規定六年俸滿，有功即升遷，無功則黜罰，自可重責成，嚴考覈，學官本身亦得爲自己的前途著想而盡職，對生員認識深切，督導嚴格，舉優黜劣，公平得當，以收獎善懲惡之效；認眞舉行月課季考與講學活動，以成春風化雨之功。若更調頻仍，任期過短，不肖學官即常藉故勒索生員，考課淪於有名無實，種種弊端，皆可能影響學校不振，教化不行。國家設立學官，目的在於教育士子，化導群黎，教育是百年樹人的大業，實需長期薰陶，始克奏效，任期過短很難見到大的成效。同光時期學官任期在兩年以下者超過半數，實是學校步向敗壞之途的徵象之一。

時期 ＼ 職官 百分比	知府	直隸州 知州	散州 知州	知縣
順治～乾隆	35.3	43.9	43.4	34.7
嘉慶～道光	56.2	51.9	57.1	54
咸豐～同治	59	45.2	59.1	58
光緒～宣統	69.1	61.6	63.4	62.9

〔註6〕　例如：福建平和教諭鄭修樓信夢，將升教授因夢不赴，果然城池失守，顯示他在亂象未到前，即準備避之（徐珂，《清稗類鈔》，迷信類，頁110）。浙江慈谿訓導樊梁生於咸豐十一年太平軍陷城時即出走（《慈谿縣志》，卷十八，頁16）。楊劍譚選授雲南麻哈州學正，即因遇苗亂而不能往（朱啓鈐，《蠖園文存》，卷下，頁11）。

表4-1　清代府學教授任期統計表

朝代／人數與百分比／任期	順治	康熙	雍正	乾隆	嘉慶	道光	咸豐	同治	光緒	合計
一年以下	32	28	5	38	35	42	26	44	28	278
	15.6	7.5	4.4	11.2	26.1	25.1	29.2	46.3	37.8	17.4
1～2年	31	20	10	29	11	9	7	8	7	132
	15.1	5.3	8.8	8.5	8.2	5.4	8	8.4	9.5	8.3
2～3年	18	22	11	30	9	8	9	5	7	119
	8.8	5.8	9.8	8.8	6.7	4.8	10.1	5.3	9.5	7.5
3～4年	10	32	15	31	10	7	2	3	0	110
	4.9	8.5	13.3	9	7.5	4.1	2.2	3.2	0	6.9
4～5年	13	22	15	13	9	15	5	2	1	95
	6.4	5.8	13.3	3.8	6.7	9	5.6	2.1	1.4	6
5～6年	7	32	9	25	6	9	2	2	2	94
	3.4	8.5	8	7.3	4.5	5.4	2.2	2.1	2.4	5.9
6～7年	7	10	5	19	3	8	3	0	1	56
	3.4	2.5	4.4	5.6	2.2	4.8	3.4	0	1.4	3.5
7～8年	3	22	5	9	5	10	2	1	1	58
	1.4	5.8	4.4	2.7	3.8	6	2.2	1.0	1.4	3.6
8～9年	2	17	3	29	5	2	6	0	1	65
	1	4.8	2.7	8.5	3.8	1.2	6.8	0	1.4	4
9～20年	4	56	12	64	23	26	4	9	3	201
	2	14.9	10.6	18.7	17.1	15.6	4.5	9.5	4.1	12.6
20年以上	3	11	4	6	9	5	1	1	0	40
	1.4	2.7	3.5	1.8	6.7	3	1.1	1.0	0	2.5
未　詳	75	105	19	48	9	26	22	20	23	347
	36.6	27.9	16.8	14.1	6.7	15.6	24.7	21.1	31.1	21.8
合　計	205	377	113	341	134	167	89	95	74	1595
	100	100	100	100	100	100	100	100	100	100

說明：1. 資料來源：根據本文徵引書目河北、河南、江蘇、浙江、安徽、湖北、湖南、四川、廣東、雲南十省方志職官表統計而成。

　　　2. 宣統朝人數因數量甚少，未計入。

　　　3. 本表之統計以該學官就職時的朝代為準，任期不及一年者計入一年以下項，不及二年者計入1～2年項，以此類推，逾20年者計入20年以上項。

表4-2 清代州學學正任期統計表

任期＼人數與百分比＼朝代	順治	康熙	雍正	乾隆	嘉慶	道光	咸豐	同治	光緒	合計
一年以下	25	54	15	77	39	103	36	54	88	491
	15.2	12.7	11.5	16.8	24.4	40.4	35	40.6	45.6	24.3
1～2年	22	28	19	44	10	22	13	18	23	199
	13.3	6.6	14.6	9.6	6.3	8.6	12.6	13.5	11.9	9.8
2～3年	12	32	15	40	14	10	7	14	11	155
	7.3	7.5	11.5	8.7	8.8	3.9	6.8	10.5	5.7	7.7
3～4年	16	26	12	35	5	11	2	8	9	124
	9.7	6.1	9.2	7.6	3.1	4.3	1.9	6	4.7	6.1
4～5年	13	34	3	52	25	15	5	9	6	162
	7.9	8	2.3	11.4	15.6	5.9	4.9	6.8	3.1	8
5～6年	7	27	9	33	7	19	8	3	6	119
	4.2	6.3	7	7.2	4.3	7.4	7.8	2.2	3.1	5.9
6～7年	19	13	6	29	6	15	5	2	1	96
	11.5	3.1	4.6	6.3	3.8	5.9	4.9	1.5	0.5	4.7
7～8年	6	17	8	14	7	8	2	4	6	72
	3.6	4	6.2	3.1	4.3	3.1	1.9	3	3.1	3.6
8～9年	3	26	7	16	4	7	3	1	1	68
	1.8	6.1	5.4	3.5	2.5	2.8	2.9	0.8	0.5	3.4
9～20年	9	81	24	63	30	26	10	9	9	261
	5.5	19.1	18.5	13.8	18.8	10.2	9.7	6.8	4.7	12.9
20年以上	0	13	6	8	1	4	0	1	0	33
	0	3.1	4.6	1.8	0.6	1.6	0	0.8	0	1.6
未 詳	33	74	6	47	12	15	12	10	33	242
	20	17.4	4.6	10.2	7.5	5.9	11.6	7.5	17.1	12
合 計	165	425	130	458	160	255	103	133	193	2022
	100	100	100	100	100	100	100	100	100	100

說明：1. 資料來源：根據本文徵引書目河北、河南、江蘇、浙江、安徽、湖北、湖南、四川、廣東、雲南十省方志職官表統計而成。

2. 宣統朝人數因數量甚少，未計入。

3. 本表之統計以該學官就職時的朝代爲準，任期不及一年者計入一年以下項，不及二年者計入1～2年項，以此類推，逾20年者計入20年以上項。

表 4-3　清代縣學教諭任期統計表

人數與百分比 \ 朝代 \ 任期	順治	康熙	雍正	乾隆	嘉慶	道光	咸豐	同治	光緒	合計
一年以下	105	152	64	558	424	609	269	508	394	3083
	8.5	6.4	8.1	16.5	27.3	34.2	31.1	45.9	38.9	21.9
1～2年	125	133	65	306	124	148	76	139	92	1208
	10.2	5.6	8.2	9	8	8.3	8.8	12.6	9.1	8.6
2～3年	109	158	75	279	90	106	59	72	70	1018
	8.9	6.6	9.5	8.2	5.8	6	6.8	6.5	6.9	7.2
3～4年	110	145	59	261	89	111	40	38	44	897
	8.9	6.1	7.5	7.7	5.8	6.2	4.6	3.4	4.3	6.4
4～5年	63	139	54	222	67	88	42	42	35	752
	5.1	5.8	6.8	6.5	4.3	5	5	3.8	3.4	5.3
5～6年	51	144	51	213	80	79	41	20	29	708
	4.1	6.1	6.4	6.3	5.1	4.4	4.8	1.8	2.8	5
6～7年	49	129	33	195	60	68	38	25	26	623
	4	5.4	4.2	5.8	3.9	3.8	4.4	2.3	2.6	4.4
7～8年	45	113	35	132	58	49	22	20	13	487
	3.7	4.7	4.4	3.9	3.7	2.8	2.5	1.8	1.3	3.5
8～9年	33	114	30	133	35	43	19	17	11	435
	2.7	4.8	3.8	3.9	2.2	2.4	2.2	1.5	1.1	3
9～20年	85	508	171	582	222	192	84	69	54	1967
	6.9	21.4	21.7	17.2	14.3	10.8	9.7	6.2	5.3	13.9
20年以上	49	63	17	92	43	20	6	9	9	308
	4	2.7	2.2	2.7	2.8	1.1	0.7	0.8	0.9	2.2
未　詳	405	579	136	419	262	267	167	148	237	2620
	33	24.4	17.2	12.3	16.8	15	19.4	13.4	23.4	18.6
合　計	1229	2377	790	3392	1554	1780	863	1107	1014	14106
	100	100	100	100	100	100	100	100	100	100

說明：1. 資料來源：根據本文徵引書目河北、河南、江蘇、浙江、安徽、湖北、湖南、四川、廣東、雲南十省方志職官表統計而成。

2. 宣統朝人數因數量甚少，未計入。

3. 本表之統計以該學官就職時的朝代為準，任期不及一年者計入一年以下項，不及二年者計入1～2年項，以此類推，逾20者計入20年以上項。

表 4-4　清代府州縣學訓導任期統計表

任期 ＼ 人數與 ＼ 百分比	順治	康熙	雍正	乾隆	嘉慶	道光	咸豐	同治	光緒	合計
一年以下	128	162	100	648	438	671	256	466	490	3359
	10.1	5.9	9.3	15.2	25.7	32	30.1	42.9	39.3	20.6
1～2年	115	178	115	392	138	183	89	145	163	1518
	9	6.5	10.6	9.2	8.1	8.7	10.5	13.3	13.1	9.3
2～3年	110	202	103	377	122	141	60	67	75	1257
	8.6	7.4	9.5	8.9	7.2	6.7	7.1	6.2	6	7.7
3～4年	98	181	111	322	95	125	48	40	45	1065
	7.7	6.6	10.3	7.6	5.6	6	5.7	3.7	3.6	6.5
4～5年	82	167	98	350	86	110	51	33	29	1006
	6.4	6.1	9.1	8.2	5	5.2	6	3	2.3	6.2
5～6年	84	154	70	318	85	88	41	34	30	904
	6.6	5.6	6.5	7.5	4.9	4.2	4.8	3.1	2.4	5.5
6～7年	59	138	67	260	72	86	27	33	24	766
	4.6	5	6.2	6.1	4.2	4.1	3.2	3	1.9	4.7
7～8年	29	144	50	155	59	63	27	26	19	572
	2.3	5.3	4.6	3.7	3.5	3	3.2	2.4	1.5	3.5
8～9年	28	100	38	142	65	67	31	18	19	508
	2.2	3.7	3.5	3.3	3.8	3.2	3.7	1.7	1.5	3.1
9～20年	84	568	141	588	242	276	88	85	69	2141
	6.6	20.8	13	13.8	14.2	13.2	10.4	7.8	5.5	13.1
20年以上	43	79	19	86	44	36	2	8	10	327
	3.4	2.9	1.8	2	2.6	1.7	0.2	0.7	0.8	2
未　詳	414	661	169	613	260	250	130	132	273	2902
	32.5	24.2	15.6	14.4	15.2	11.9	15.3	12.1	21.9	17.8
合　計	1274	2734	1081	4251	1706	2096	850	1087	1246	16325
	100	100	100	100	100	100	100	100	100	100

說明：1. 資料來源：根據本文徵引書目河北、河南、江蘇、浙江、安徽、湖北、湖南、四川、廣東、雲南十省方志職官表統計而成。

2. 宣統朝人數因數量甚少，未計入。

3. 本表之統計以該學官就職時的朝代為準，任期不及一年者計入一年以下項，不及二年者計入1～2年項，以此類推，逾20年者計入20年以上項。

圖 4-1　清代學官任期九年以上比例圖

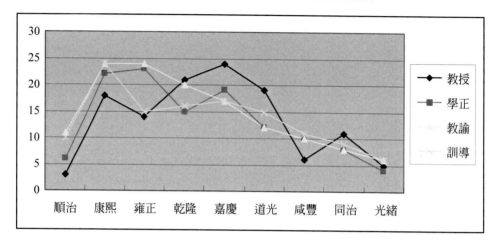

圖 4-2　清代學官任期二年以下比例圖

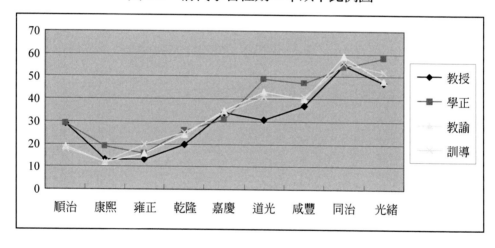

第二節　升　黜

　　清代開國之初，地方學官有由各省督撫委命者〔註7〕，惟很快即歸吏部銓選。因此學官亦是朝廷命官，其升遷依據個人的表現、志趣與機緣而定。

〔註7〕雍正十二年定雲、貴、粵、川、閩等遠省教職由各省督撫題補，因繁冗遲滯，乾隆十九年仍歸部選（《欽定大清會典事例》，卷四十三，頁23）。但由《東莞縣志》，卷五十一，頁10，林英傳，「國初教職皆藩府委攝，英（順治十六年任教諭）始由吏部選入。」的記載，可見這些邊省教職歸吏部銓選的時間因各地情況不同，並未完全一致。

一、考　覈

清代考覈學官之法與基層地方官相同，有隨時甄別、專案甄別、到任甄別、年終甄別與大計五種。前三種係督撫、學政於平時或到任滿三個月後合全省實缺，擇尤舉劾；後兩種是督撫於年終與大計之年考覈僚屬，學官也在考覈之列。如被評爲才能出眾，堪膺民社者，經督撫學政保題後，送吏部引見，即可升官；年力衰憊者勒令退休；不堪振師鐸者革職；其餘視任職勤奮或平常，分別考以勤職或循分供職〔註 8〕。學政到任後，依知府所報學官之年力、志行、學識、教規四款考語，彙報吏部，以決定其升黜或留任。由此可見學官除受吏部、禮部、督撫、學政控制外，還受知府等地方官稽察。

三年一次的考察外官稱爲「大計」，督撫一方面須薦舉卓異，一方面要罷黜庸劣。大計舉卓異者有名額限制，教職佐雜合計各省每次不過一至四人〔註 9〕，而年終參劾教職佐雜之數規定須達百分之二、三。爲免督撫學政徇私少報，規定參劾及數者免議，不然須聲明緣由，否則即予以罰俸或降級〔註 10〕。

學官在任職之初，例須經本省督撫考試，考列一、二、三等者俱准赴任；四、五等者令回籍學習三年，再行考試，文理優通，方准銓選；六等者革退〔註 11〕。學政按臨各地，例須考試學官。總之，清代對學官的考覈比明代爲勤，目的即在於督促學官認眞教學與進修。

在可以考覈學官的諸多上級官員中，學政與學官的關係更爲直接與密切，通常看到的記載是相處得較好的情形，例如：學政賜匾額或賜聯屏給學官，山西馬邑歲貢歷任學博的霍百齡，朱曙蓀提學使不僅賜以「品學兼優」之匾額，還賜以「好事竟從難處得，高情自與俗人殊」之對聯〔註 12〕，可見他受器重的程度。

二、升　遷

本節所附學官升遷與離任的兩個統計表，是根據所用方志之學官傳中有

〔註 8〕《欽定吏部則例》，卷六，頁 2～4。

〔註 9〕《欽定吏部則例》，卷六，頁 13。又見，《清聖祖實錄》，卷三，頁 5～7。

〔註 10〕《欽定吏部則例》，卷六，頁 2～4。

〔註 11〕《欽定吏部則例》，卷七，頁 18。又見，《欽定大清會典事例》，卷七十六，頁 9。

〔註 12〕《馬邑縣志》，續詩文，頁 15，山西馬邑訓導吳觀亨撰，〈清例授修職佐郎霍公教思碑記銘〉。

升遷與離任記載的四千多筆資料統計而成。升遷統計表是以學官在個人宦途中所達最高官位之統計。由於能列入方志人物傳的學官，大多是有所表現者，傳記中記載最詳細的資料屬出身，其次為擔任學官時的作為。在此四千餘名學官中，有升官記載者（不包括同一職位之遷調），僅八百餘人。且所升之官以知縣與更高一級的學官為主，故就學官群體的升遷機會與職位而言，實在是既稀少且低微。

教授、學正、教諭、訓導因品級不同，所升之官亦不全同。訓導俸滿可升州判、府經歷、縣丞、教諭或學正；教諭與學正可升知縣、教授或國子監學正、學錄等官；教授可升知縣或國子監學官。但由進士、舉人原任地方官而改教職者，大計及俸滿應升者即不得升知縣，只以國子監博士、典籍等官升轉〔註13〕。候補或議敘教職如有功者，可獲保升教職，並得較高品位之銜〔註14〕。

由學官升擢至中央或地方大員，根據所見資料，最高可達侍郎與總督，然其機會甚少。生員或貢生有因軍功而任學官，或學官因軍功而升至高層地方官者。著名者例如任道鎔在籍襄辦團練，由拔貢除奉賢訓導，後來升到河道總督〔註15〕；丁日昌以廩貢生治鄉團，卻潮州寇，選授瓊州府學訓導，又以軍功升知縣、道、鹽運使、布政使，最後至巡撫〔註16〕。

清代對於表現優異教官的鼓勵，除升以實缺外，也有授給虛銜者。凡司鐸稱職，課士精勤，品端學粹，有所著作的學官，經督撫或學政保薦，朝廷即賞以國子監學官之銜。被保薦卓異的學官，甚至可獲得皇帝嘉獎〔註17〕。如有軍功或事功，則授給較高品級之銜〔註18〕。

學官經參加鄉會試而中舉人或進士後，常有因獲新資格而升任至其他官

〔註13〕《欽定大清會典事例》，卷七十二，頁14。

〔註14〕咸豐七年，太平軍據邵武縣，廩貢生邱亮采仗義捐貲，請諸當道撥防軍進勤，村落賴以保全，翌年於克復縣城案內保升教諭，並獎六品銜（《重纂邵武府志》，卷二十三，頁65）。

〔註15〕趙爾巽，《清史稿》，卷二三七，頁1399。

〔註16〕《清史》，卷四四九，頁4961。

〔註17〕例如：同治年間舉人，大挑二等，獲任滑縣教諭的劉俊德，「履任課士，殷勤不倦。仿蘇湖教授法，在黌宮設講席，四方多士執經問業者甚歡。大計考績經劉景韓中丞保薦卓異，考曰『經明行修，士林向化』，傳旨嘉獎。光緒癸卯卒於任所，壽七十三歲。」（《重修滑縣志》，職官，頁33）

〔註18〕例如：同治七年，由恩貢任蒲台訓導之竇森，以防汛有功，保五品銜（《茌平縣志》，卷三，頁13）。

職者，即未計入。學官在學署中雖有閒暇可讀書，以求會試，往往受科舉名額之限制，考中進士並非易事，以致有許多遺珠久躓春闈，困於學職。

至於學官升遷不易，升至顯宦者尤其爲少之原因，當爲學官就任，多屆遲暮之年，或是自忖才力不及，不能勝任地方官，自以擔任教職比較合適；亦有甘於淡泊，不願升遷者。其實即使有升遷，大多僅止於基層地方官，能順利升至高官者更少。

三、離　任

在本文所統計之四千餘名學官傳中，有離任情形記載者共 1,388 人。其中比例最高者爲卒於任，依次爲年老致仕、終養、引疾、丁憂、殉難、裁革、罷歸等項。

由學官卒於任上、引年、引疾而告歸者居多的情形，顯示學官老邁者相當之多。因爲傳統社會特別強調孝道，終養告歸者亦多；父母喪亡必須回籍守制，這類丁憂致仕者也不少；在辭教官之職者中，也有爲準備參加科舉考試而辭職者〔註 19〕；至於殉難者的情況是，當一地遭逢亂事，學官受儒家思想薰陶，無法抵抗，只能殉難，一死以報君恩，尤其在咸同年間，太平天國、回變、捻亂所及之地，學官殉難人數大增。被裁革與勒令休致者雖屬少數，因爲關係學官制度之存廢和風紀之整飭，故須加以說明。

明代規制：府州縣儒學正學官各一人，副學官訓導人數則不同。順天府學與應天府學的訓導各六人，府學訓導額定四人、州學訓導三人、縣學訓導二人，實際上並未完全用足額。到了明季，已逐漸裁去府州縣學中多餘的訓導，只是尚未徹底完成時，明祚已亡。清代大事裁革學官有兩次：一在清初，一在清末。清初除紛裁衛學外，順治三年，對各學有兩名訓導以上者認爲是冗員，皆裁剩一員，甚至於一學只用一人。康熙三年，裁撤小州縣之學正、教諭與大州縣之訓導，十九年（有些方志繫於十五年）又恢復順治舊制，即在每學皆設正、副學官各一，自此各地學官遂有經制與復設之別。惟於由原縣分設之新縣，其學官即由原縣撥其訓導掌管，不再另設學官。各學官之裁廢或復設，在執行時間上並非全國一致，例如順治年間，有些地方的

〔註 19〕例如：陳澧於道光三十年（1850）十一月赴廣東河源訓導之任，於咸豐元年（1851）正月即告病辭職而歸，主要原因是參加此年恩科會試。他在這回第七次會試未中後，即絕意科舉，專心講學和著述。（李緒柏，《清代嶺南大儒陳澧》，廣州：廣東人民出版社，2009 年，頁 33）

訓導到順治十四年才裁，康熙九年時有些已全裁，十九年才復設〔註20〕。此次裁復學官之原因，各書均未記載，主要是由於財政因素，爲省經費，以供軍需〔註21〕。當時各學有二學官者即共食一俸，僅一學官者可食全俸。由恢復兩位學官後，直到乾隆元年才改善學官待遇，調整其俸祿。

順治到康熙初年，國家財政並不充裕，大裁推官、主簿、同知、通判等官，以省俸銀〔註22〕。清初政府爲撙節開支，起初以爲一名學官主持學務已足，視另一學官爲冗員而裁之，其後發現不便，才又恢復舊制。清前期例如雲南等邊遠省分的教官甚至「動輒懸缺一二年」〔註23〕，局面安定後即步入正規，按制任官。

光宣之際第二次裁撤學官，規模龐大，且係永久性的裁撤，在光緒三十一年廢科舉興學堂之後進行，此次大規模裁撤學官的意義迴異於第一次，其手法漸進細緻〔註24〕，以減輕隨著變動產生的衝擊，有些地方是以地方首長兼攝學官〔註25〕，或者遇缺不補，以另一學官代補〔註26〕。從許多方志中可見光緒三十一年起即先廢除各學的一名學官，到民國元年因政體改變才全面廢除〔註27〕。當時有識之士認爲科舉制度培養之人既不足以應付變局，儘管

〔註20〕 例如：山東邱縣訓導於順治十四年裁，康熙三年只設訓導，十九年復設教諭（《邱縣志》，卷五，頁23）；德平縣於順治三年裁二訓導，康熙九年全裁，十九年復設（《德平縣志》，卷七，頁14）；館陶縣於順治四年裁訓導一，康熙三年裁教諭，旋又復設（《館陶縣志》，卷四，頁25）。

〔註21〕 此時還有其他省錢措施，例如順治十五年停儒童科試，康熙元年停科試，減歲貢至三年貢一人，以軍興裁廩膳銀三分之一充餉，後旋復（《觀城縣志》，卷三，頁17）。觀城教諭在康熙三年被裁，十五年復設教諭，十六年恢復科試。

〔註22〕 《順治朝東華錄》，卷二，頁24，以推官、主簿、同知、通判爲冗員，而諭裁撤。鄧青平於〈清雍正年間的文官養廉制度〉（《新亞學報》，第十卷第一期下，頁262）一文曰：「綜觀順治一朝，歲入常不供歲出，政府要靠捐納、附加徵收、裁減經費等等辦法，來彌補赤字的不足。」

〔註23〕 黨樂群，《雲南古代舉士》（雲南人民出版社，2008年），頁282。

〔註24〕 《清朝續文獻通考》，卷一三二，頁8921，記載其過程，光緒三十年議裁撤各府廳州縣衛學教諭訓導之復設者，以御史夏敦復言不果。三十一年吏部奏准教職逐漸停選，嗣後遇有復設教職缺出，即行停選；若遇經制教職缺出，即以本學復設教職移補。政務處奏准裁撤各省復設訓導。

〔註25〕 例如：光緒三十三年，甘肅固原知州王學伊即以知州兼攝學正（《固原州志》，卷三，頁7）。

〔註26〕 以山東平度州爲例：清季准裁復設訓導，適學正王勷堂病卒，遂以訓導康金榜提補，訓導不復設（《平度縣續志》，卷五，頁5）。

〔註27〕 光緒三十一年，裁德平縣教諭缺，三十三年裁訓導缺（《德平縣志》，卷首大事

守舊者竭力維護，亦難支撐，終於在光緒三十一年詔令廢除科舉，依附科舉的地方儒學亦逐漸裁停。學宮的功能被新式學堂取代，學宮被改成勸學所或各等學堂，民國成立後，繼續沿用爲各級學校，亦有淪爲荼圃或被強占者。昔日主持學宮與文廟之學官被裁員，或者改任奉祀官，只管祭祀文廟之事，或者轉任勸學所所長、各等學堂教習或校長〔註28〕；亦有改任佐貳或罷官回家者，學官乃成爲歷史名詞。

　　對於溺職之學官，輕則申飭、罰俸、降級，重則革職。例如：興平訓導謝炳勛擅請檄飭赴任、城固教諭時逯新妄請發委，皆因躁妄而遭申飭處分〔註29〕。學官如不力行課試，經上司查出揭報咨參者，計其廢弛次數，每次罰俸三月〔註30〕。學官降級有降一級、降二級之分，如教授由七品降爲八品官，教諭由正八品降爲低一兩級之布政使照磨、鹽運司知事、府州縣訓導等。然而因爲教官品位本低，年老時即令休致，犯錯多被黜革，故在方志中被降職的情況甚爲少見。

　　學官被罷黜之原因很多，有因與知縣或學政等上級長官意見不合而自動請辭或被參劾者；有因未能善盡職守而被黜革，如失察武生從逆、不能約束士子抗糧罷考、遺失印記、戒煙不力、辦團練而未及時援救圍城等，皆須受革職處分〔註31〕；也有因本身專業不足，行爲不檢，甚至干犯禁令而被罷黜，

記，頁13）。光緒三十二年，臨清縣裁學正缺（《臨清縣志》教育志二，行政，頁8）。夏津縣教諭於光緒三十三年裁（《夏津縣志續編》，卷六，頁15）。
　民國元年十一月頒行地方官制，知府知州及一切佐貳官皆廢（《臨清縣志》大事記，頁24）。有些在此前已裁，夏津訓導於民國元年八月三十一日奉令裁缺。《續修鉅野縣志》，卷一，頁11載民國元年裁知府、守備、教官、縣丞、主簿、通判、州判、典史各缺。
〔註28〕例如：韓國棟於光緒三十四任固原學正，兼充固原中學堂校長（《固原州志》，卷三，頁7）。
〔註29〕樊增祥，《樊山政書》，卷二，頁9、31。
〔註30〕《皇朝政典類纂》，卷二二〇，頁11。
〔註31〕雍正時廣東徐聞訓導許詰以遲延補廩而被革職（《徐聞縣志》，卷七，頁7）。山東菏澤訓導兼理曹州府教授宋璇，因失察武生從逆而被革職：「馬克光身係武生，膽敢戕官劫獄，爲著名賊目，情節重大。該管教官失於查察，非尋常疏懈可比。菏澤縣訓導兼理曹州府教授宋璇，著即革職，以爲教官溺職者戒。」（《清仁宗實錄》，卷二八〇，頁3）又，河南杞縣、獲嘉、原武等學教官：「於該管士子聯莊結會，聚眾抗糧，不能約束士子，以致釀成抗官巨案。」（《清文宗實錄》，卷一八二，頁10）廣西桂平教諭、府學訓導以遺失印記而被罷黜（《清文宗實錄》，卷二一八，頁2）。江西盧陵訓導吳襟浩以「委辦團練，當府城被圍，未能設法救援」也被革職（《清文宗實錄》，卷二五九，頁11）。四

常見者如居心嗜利、干預詞訟、貪鄙無能、講解荒疏、離經叛道、煙癮未除、喜好酒色、經商營利等〔註32〕。罷黜年邁體衰，影響講學、尤其是行爲不謹、有虧職守之學官，自是有效維持官箴之法。然而指新思想爲離經叛道，禁止其傳播，實有礙儒學之豐富壯大以及與時俱進，應是一大損失。被罷黜者中，也有因督撫學政徇私或考察不週，難免影響執行成效。

由學官離職原因表中，可見因自然老死而卒於任上或因病因老而致仕者，共占 72%，比例極高，較有升遷記載之總人數爲多。如與表 4-5 學官升遷官職統計表合觀，實顯示清代學官升降機會均小，這個官職堪稱宦海中少有的風平浪靜之地。

表 4-5　清代地方學官升遷職官統計表

類別與職官 ＼ 時期人次		順治～乾隆	嘉慶～道光	咸豐～同治	光緒～宣統	合　計	百分比
學官	教諭學正	73	18	23	12	126	14.2
	教　授	102	50	26	10	188	21.2
	國子監官	15	5	2		22	2.5
	學　政	4				4	0.5
地方官	知　縣	283	85	52	17	437	49.2
	知　州	12	7	5	1	25	2.8
	知　府	12	3	9		24	2.7
	道		1	2	3	6	0.7
	按察使		1	2		3	0.3

川眉州學正、浙江分水訓導等皆以戒煙不力，而受革職處分（《大清宣統政紀》，卷二十八，頁 22；卷三十六，頁 36）。

〔註32〕例如裕寬奏：「原武訓導韋明星居心嗜利，固知檢束」（《清德宗實錄》，卷三四四，頁 11）。張之洞奏直隸房縣訓導曾心傳干預詞訟，人品不端（《清德宗實錄》，卷五〇一，頁 7）。岑春煊奏四川樂山訓導張朝鏞貪鄙無能，有辱名教（《清德宗實錄》，卷五一六，頁 12）。恩壽奏江蘇崑山教諭周光莩體弱有病，講解多疏（《清德宗實錄》，卷五一八，頁 1）綏定教授廖平離經叛道而令地方官嚴加管束，並銷毀著刊各書（《清德宗實錄》，卷五二二，頁 17）。武功訓導郭暉煙癮未除（《大清宣統政紀》，卷四十七，頁 21）。以上諸人，均被革職。順治年間由歲貢任山東霑化訓導的王之謨，「以貪酷逮問，畏罪引疾去」（《霑化縣志》，卷五，頁 13），幸運逃脫法律制裁。

		順治～乾隆	嘉慶～道光	咸豐～同治	光緒～宣統	合　計	百分比
地方官	布 政 使	1				1	0.1
	巡　　撫			1		1	0.1
	總　　督				1	1	0.1
佐貳	縣　　丞	8	2	1		11	1.2
	府　　丞	1				1	0.1
	經　　歷	6	3			9	1.0
	同　　知	5	3	3	2	13	1.5
	通　　判	1		1		2	0.2
京官	內閣中書	1	1			2	0.2
	主　　事		1		1	2	0.2
	副　　使		1			1	0.1
	郎　　中		7			7	0.8
	京　　卿		2			2	0.2
	侍　　郎		1			1	0.1
合　　計		524	191	127	47	889	100

資料來源：根據方志四千餘位學官傳中有升遷記載者統計而成。

表 4-6　清代地方學官離職原因統計表

離職原因＼時期人次	順治～乾隆	嘉慶～道光	咸豐～同治	光緒～宣統	合　計	百分比
卒於任內	266	145	87	36	534	38.5
年老致仕	195	89	40	18	342	24.6
終養致仕	65	38	15	10	128	9.2
引疾致仕	53	27	32	12	124	8.9
丁憂致仕	47	34	20	12	113	8.1
殉　　難	14	13	70	1	98	7.1
罷　　歸	19	4	4	6	33	2.4
裁　　革	11			5	16	1.2
合　　計	670	350	268	100	1388	100

資料來源：根據方志四千餘位學官傳中有離職情況記載者統計而成。

第三節　年　齡

　　科舉考試因為各地文風高下、競爭人數多寡之不同，錄取難易度不一，通常是數十或數百人才取一名，中式與否，即有幸與不幸。在士子的考試生涯中，固然有順利通過各關，踏入仕途，憑著個人才華與時運際會而飛黃騰達，如阮元、曾國藩、李鴻章、張之洞等著名人物皆在二十多歲即中進士，敷歷中外；至於勤苦攻讀，卻功未成名未就者則不知凡幾〔註33〕。士子準備通過各級考試最易蹉跎歲月，據張仲禮統計，考中生員的平均年齡約為二十四歲，考中舉人的平均年齡約為三十歲，考中進士的平均年齡約為三十五歲〔註34〕。

　　制度上，生員在學年久而品學兼優者才得以被選為貢生，貢生須經朝考才可能候選任官；舉人大挑例須經三次會試落第者始得參與，他們即使願任學官，每因長久需次而邁入晚年。加以學官升擢機會不多，任期相當長，自然日趨老邁。一般而言，捐納的學官較為年輕；正途出身的學官，較為年長。

　　人生七十古來稀，古有七十致仕之說，清代亦有強迫退休之令，但與今日不同，在年齡方面因人而異，彈性頗大。學官職務雖多，如非實心任事，即可形同閒曹，除老邁不堪任事或干犯嚴重錯誤才會被勒令休致，通常並不十分受年齡的限制〔註35〕。茲舉一資料所見最老的特例作為證明：浙江遂昌訓導王世杰於乾隆二十六年秩滿入京引見時，已是一○三歲，高宗恩賜六品章服後，又還任遂昌，浙江學政錢維城還贈以詩云：

　　　　我愛王廣文，古貌過百齡。蒼松成勁骨，野鶴為性情。

　　　　考滿朝上都，瞿鑠群公驚。歸來守青氈，肌體日益輕。

　　　　時時據鞍馬，欲作長楸行。膝下盡皓首，堂前色如嬰。

　　　　卻笑濟南老，年少稱傳經。〔註36〕

〔註33〕章乃羹於〈清代兩浙科第表〉一文序中說：「夫科舉不能網羅人才，國家既懸此為的，士人捨此無進身之階，而積學能文，不善制藝，或有司失人，不知推舉真士，用是有僅得乙科，不得甲科，甚且並乙科而不得，老死牖下者，比比然也。」（〈清代兩浙科第表〉，《文瀾學報》，第三卷第一期，頁1）

〔註34〕Chang Chung-li, *The Chinese Gentry*, p.172.

〔註35〕「至年逾七十之教職內有精力尚健，堪以留任者，亦只准展限五年，概行令其休致。」（《欽定吏部則例》，卷四，頁19）事實不然，也有例外，甚至到八、九十歲才任教職者，例如開平訓導尹元達，「年七十一任開平訓導，年雖老猶力學，所作詩文雖少年不及。」（《東莞縣志》，卷六十七，頁2）

〔註36〕《處州府志》，卷十四，頁58。

由這位百歲人瑞學官之例，說明清代對於學官人事制度有著彈性或隨意性。

再以康熙四十四年時已七十三歲，纔任山西馬邑教諭的景象煒爲例，他是河東名士，家貧學富，巡撫極禮重之，方獲選馬邑教諭。但當時新例，除遷教職官員必驗試文藝通，年力未衰者，乃准給憑赴任。有人勸他「何不於腳色中少寫十數歲」，他笑著答說：「用之則行，舍之則藏。吾平生不欺，寧以一銜自昧其齒耶？」及布政使而詰公年幾何，直接答覆七十三歲。雖已年老，志行耿介，楷模多士，自見師嚴道重〔註37〕。康熙年間，一位八十餘歲還任湖南益陽訓導的劉湯齊，府志傳中稱他：「精神強固，課士論文，津津不倦。」〔註38〕雍正六年任邵陽訓導的朱明霖，「以歲貢得官，年已八十矣。德容粹然，好學不倦。邵人士群以老宿稱之，服其教。」〔註39〕嘉慶四年起任邵陽教諭的賀畯上，寧鄉人，嘗歷官宜陽、桂陽教諭、漢陽教授，「歸田後年九十餘矣，猶主講其縣玉潭書院。」〔註40〕這些例子說明學官的年齡雖已老大，只要身體健朗，仍有教學熱忱，不會被勒令休致，甚至退休後仍能主講家鄉的書院。

就所見方志中記載就任時年齡的一百多位學官中，以 51～60 歲的年齡層爲最多，占 27%，61～70 歲者其次，占 22%，71～80 歲者，占 19%（見表4-7），固然方志編纂者可能對年老的學官特別強調其年齡而加以記載，以致於學官年齡看起來偏高，但應是這種學官多爲老邁現象的反映。

表 4-7　清代地方學官有就任和離任年齡記載之統計表

年齡組別	21~30	31~40	41~50	51~60	61~70	71~80	81~90	91~100	101 以上	合計
就任人數與百分比	5 / 0.5	10 / 7	19 / 13.3	39 / 27.3	31 / 21.7	27 / 18.9	10 / 7	2 / 1.4		143 / 100
離任人數與百分比	2 / 0.4	6 / 1.3	13 / 2.8	48 / 10.3	116 / 24.8	187 / 40.1	87 / 18.6	7 / 1.5	1 / 0.2	457 / 100

在醫藥遠不如現代進步之時，人的平均壽命較短，清代人僅約四十歲，而學官長壽者多，與其工作性質、心情和生活方式有關。學官職務比起地方官而言相對清閒，教學之餘，還有閒情逸緻去蒔花種樹，把酒吟詩，遊山

〔註37〕《昔陽縣志》，卷二，頁 16。
〔註38〕《永州府志》，卷二十一，頁 48。
〔註39〕《寶慶府志》，卷一一○，頁 15。
〔註40〕《寶慶府志》，卷一一一，頁 10。

玩水，合乎養生之道，自然容易長壽。另一方面，也因統計數字過少，難得
精確，例如較爲年輕的捐納學官在方志或文集中有傳記者就很少，有記錄其
就任與離任年齡者更少。不過由時人及後人對學官的批評中，仍可了解學官
老邁者多，是一普遍現象〔註41〕。

學官老邁者多，有利也有弊，整體而言，過於老邁，必然爲這個群體帶
來負面形象〔註42〕。好在傳統社會，注重敬老尊賢，獎勵少年老成。年輕學
官的學識、修養若不足以服人，即難以教導生員，尤其是面對老生員，如此
情況，學官雖年輕亦無益。年長學官經驗豐富，學識廣博，只要勤於講學，
廉潔自持，仍會受士子敬重。但若七、八十歲才任學官，實不相宜，不僅老
態龍鍾，志短氣衰，無力教學，而且容易滿足現狀，缺乏追求新知的熱誠。
清季學官對於遇到數千年來未有之變局，缺乏普遍而敏銳的反應，原因很多，
應與其組成分子多爲老邁有關。

〔註41〕 「清之中葉，捐例開而教官多用歲貢眞除，盡屬高年，往往愈老而愈瀆，而
師道墮矣！」（《重修鄞都縣志》，卷四，頁17）副都御史陸錫熊撰〈婺源教諭
王公墓誌銘〉，謂學官之選：「吏部以舉人貢生注闕，久次乃得，率癃老不任
事，不稱朝廷所以屬學興材之意。」（《清文匯乙集》，卷三十，頁25）勵宗萬
請定教職調補之法，謂：「臣細查通省教官冊籍，壯年固不乏人，但皆年屆六
旬以外者居多。」（《皇朝經世文編》，卷五十七，頁15）

〔註42〕 民國初年修纂的《續修廣饒縣志》編者即認爲清代學官多老耄，不足爲師：「其
初教諭掌講經史大義，訓導掌教習六藝，以教導士子，咸尊之曰師。相沿既
久，教官猥以資格注授，率皆老耄因循，不稱厥職。除考試説晝年貌，率諸
生入學外，與士子終年不相接近，強名之爲師，實不過典守聖廟之有司耳。」
（《續修廣饒縣志》，卷十，頁2）雖有言過其實之處，教官未必皆不稱職，仍
可視爲民初社會看待教官的一斑。

第五章　清代地方學官之職司與活動

　　清代文教制度在許多方面承襲明制，間亦因時因地制宜而作調整。以學官制度言，各學訓導人數較明代精簡，只用一員，甚至全裁，不久復設〔註1〕；有些儒學新設之初，往往由原來的儒學撥訓導一名移駐〔註2〕；有些府儒學與縣儒學由分而合或由合而分〔註3〕；衛學多因衛改制爲府州縣而成爲府學州學縣學，例如天津衛學在雍正九年（1731）因改衛爲府，而設立天津府學，三年後又在府學西建造規模略小的縣學；清季變更並廢除科舉考試，代以新式學堂，學官最終面臨被裁廢的命運，只是不同地方裁廢的時間有出入〔註4〕。

〔註1〕　例如福建邵武府訓導二員及邵武縣訓導，皆於康熙四年裁，二十二年復一員；建寧縣訓導於康熙四年裁，二十五年復；泰寧縣教諭康熙三年裁，二十一年復；光澤縣教諭康熙四年裁，二十一年復。（《重纂邵武府志》，卷十四，職官）

〔註2〕　例如福建漳州府雲霄廳士紳於嘉慶十九年呈請添設廳學，二十一年獲准，將詔安教諭撥給雲霄廳學，詔安仍留訓導一員（《雲霄廳志》，卷二，頁15）。詔安除撥教諭支援外，還撥出齋夫、膳夫、門斗各一名，隨帶來雲霄，並與彰浦、平和兩縣共撥出十三名學額給廳學（彰浦、平和各五名）。

〔註3〕　例如：昆明文廟舊在府學西北菜海子，明嘉靖十七年巡撫因地勢卑濕，遷於府學東南，萬曆四十年合府縣爲一學（《雲南府志》，卷九，頁1）；康熙二十九年，雲南巡撫改建雲南府學與昆明縣學宮於五華山前，「合府縣兩學爲一」（《雲南府志》，卷三，頁3、5）。江西大庚縣學與南安府學於宋元明初時期分設，明正統間知縣因裁冗員，條議庚邑小賦稅不足，請裁大庚縣學，併歸府學，萬曆十五年知府議復大庚縣學，康熙三十九年知府以從前文廟仍同府學，未另建立，復倡創設禮殿、兩廡、欞星門等（《南安府志》，卷四，頁25）。

〔註4〕　清季學官裁廢的主要時間有兩次：光緒三十一至三十三年（1905～1907）以及民國元年（1912）。例如：光緒三十一年冬齊河教諭之缺被裁；齊河訓導之缺於光緒三十三年被裁（《齊河縣志》，卷首，頁17）。長清教諭、訓導均

不過清代學官的品級比明代略爲提高〔註5〕，其主要職責與明代學官大致相同，不外負責地方教育行政，如祭祀至聖先師孔子、考課各學生員、管理學田書籍等。一些活躍的學官還從事編纂方志、修復文廟、書院講學、組織團練、救濟貧困等活動，對地方社會教化與安定，有相當的影響力。

第一節　職　司

一、主管文廟與學宮

歷代地方儒學的建築物設在府州縣城內，根據風水觀念，大多位於城區東南方位，或者東方、南方，以主文明，當然也有因時因地制宜而位於西方、北方或西北角者〔註6〕；有些學校之遷徙是出於避水患、改變方向、戰亂被燬等因素〔註7〕。自建學以後，草創之初，只有一些重要的建築物，後來加以增

於民國元年先後被裁（《長清縣志》，卷七，頁18）。博山縣於雍正十二年由益都縣撥設訓導一員，至民國元年奉令裁撤（《續修博山縣志》，卷六，頁2、卷八，頁11）。

〔註5〕 教授在元代是正八品，明代爲從九品，清代爲正七品；學正與教諭在元代爲九品，明代未入流，清代爲正八品；訓導在明代不入流，清代爲從八品。

〔註6〕 學校建築擇地相當講究方位與風水，例如：甘肅敦煌文廟在縣治西方（《敦煌縣志》）、甘肅固原州學在城之西北，王學伊等修纂，《固原州志》，頁35，編者稱：「謹案各府州縣之文廟，率居東南巽宮，或正東震宮，以主文明。惟固原自前明迄今數百年來，崇祀文廟方位直居城之兌宮，受納金氣。故地方人材武功發達，而文學寒滯也。」山東德州文廟在城內北部（《德平縣志》，卷三，頁25）。福建邵武府的府學、縣學與所屬的泰寧、光澤縣學都在府治與縣治的西方，建寧縣學則在縣治南方（王琛等修，張景祁等纂，《邵武府志》（光緒二十六年刊本，成文影印），卷首，輿圖）。福建泰寧縣學因而一再遷徙，宋時建於縣西鑪峰之陽，明嘉靖二年知府以鑪峰地非宜，議遷建於驀湖坳，十五年教諭又率諸生言學宮不利狀，巡按檄有司復遷於天王寺，萬曆二十八年「又因諸生謂天王寺不利，致科名稀闊」，知府率知縣「復徙建於鑪峰寺」，而遷天王寺於射圃之舊址，三十二年知縣從堪輿家言又改戊辰坐向爲卯酉（《邵武府志》，卷十二，頁37）。山東齊河縣學、泰安州學皆在縣治之東（《齊河縣志，卷十八，頁1》、《泰安州志》，卷二，頁2），陽信縣學在縣治之南（《陽信縣志》，卷一，頁34）

〔註7〕 例如：山東定陶縣儒學「舊濱河，屢患衝淤，徙置不一。」（《定陶縣志》，卷二，頁5）河南項城縣學舊址在城東，宣德三年因黃河泛漲，避河患始遷建於縣治東南（《項城縣志》，卷九，頁1）。湖南零陵縣學宋代移建於城東，明洪武三年改創城南，弘治時避水患徙城北，乾隆四十年又因卑濕徙建城東門內舊址（《永州府志》，卷四下，頁1）。至於學宮方向，絕大多數是坐北朝

建擴建；由於建築物多爲木造，歷經一段時間，必須不斷重修，其修建情形在方志中多有詳細記載，可資查考。學校建築群的主要部分是文廟與學宮，大成殿與明倫堂爲核心建築。

文廟又稱孔廟、夫子廟、先師廟、聖廟，是祭祀之處；學宮又稱黌宮，爲教學之地。二者合稱廟學，方志通稱儒學爲文廟或學宮、學校（見附圖一）。祭祀區的主要建築包括祭祀至聖先師孔子和四聖十哲的大成殿〔註8〕、祭祀孔子先世的崇聖祠〔註9〕、祭祀先賢先儒的東西兩廡、祭祀對當地曾有貢獻的名宦、當地的賢士、忠義、節孝的名宦祠、鄉賢祠、忠義祠、節孝祠等。大成殿、崇聖祠和兩廡所祭祀的對象是全國一致的，名宦祠、鄉賢祠、忠義祠、節孝祠等祭祀的人物則是因地制宜，不僅所祭祀的人物以及數量各學不同，而且忠義祠、節孝祠有時不在學校內。

教學區的主要建築包括舉行月課季考所在的明倫堂、存放書籍的尊經閣等，整個建築群的附屬建築則有學校外圍的照牆（又稱屏牆、宮牆）、禮門、義路、聖域、賢關、欞星門以及道冠古今、德高天地、下馬碑、臥碑等碑

南，偶有朝東者，有些不介意，如湖北建始縣學明末圯後因掘得東向的先師銅像，遂建廟東向，康熙三十年復改建，仍東向（《施南府志》，卷七，頁12）。江西鉛山縣學，舊在縣東南，宋紹興間縣令以面勢非宜，徙東山下，淳熙六年縣令以狹隘不稱，拓地新之；元至正七年山長因舊制頹地遷於州治西北隅（《廣信府志》，卷四之一，頁 15）。但地方士紳有因方向問題而改建者，例如：洪武十二年江西德化縣學增修學門東向，正統元年即改南向（《九江府志》，卷二十一，頁 7）。雲南宜良縣學宮方向朝北，極爲特殊，乾隆年間雲南巡撫劉秉恬據闔邑紳士呈請改建，並紀以詩：「建樹由來取向陽，黌宮失向笑宜良。多年襲謬難仍貫，就地遷移貴有方。殿宇面南昭物象，衣冠拜北仰夔牆。功成大比欣逢歲，文治光華喜日昌。」知府羅宏章也有詩和其韻（《宜良縣志》，卷十下，頁24）。至於學宮所在的地點如被地方士紳或堪輿術士認爲有礙士子取得科名，也會構成遷學異地的原因。有學官反對形家之言遷學，例如道光七年久任湖南武岡州學正張力輿曰：「學廟之修，所以崇學妥聖靈也。論理道不論形勢，矧形勢實踞一州之勝，敢輕議遷耶？遂率州人即舊學新之。」（《寶慶府志》，卷一一一，頁18）因建學近千年以來，各地經歷大小戰亂，毀於兵燹而重修的學宮，幾乎是各學的共同經驗，即不贅述。

〔註8〕 宋徽宗政和四年（1114），御書大成殿額頒孔子廟，此殿名大成之始，自是郡縣學俱稱大成殿（《齊河縣志》，卷十八，頁2）。

〔註9〕 明嘉靖九年（1530）於大成殿之後立啓聖祠，祀孔子之父叔梁公，雍正元年（1723）詔封孔子先世王爵，合祀五代，更名爲崇聖祠。祭祀五代祖肇聖王金父公、高祖裕聖王祈父公、曾祖詒聖王防叔公、祖父昌聖王伯夏公，與父啓聖王叔梁公（王學伊等修纂，《固原州志》，卷四，頁3～4）。

坊、敬一亭〔註 10〕、省牲所、更衣所、鼓樓、鐘樓、魁星閣、藏器庫〔放置禮器、樂器〕、庖湢所〔註11〕、泮池〔註12〕、射圃〔註 13〕、教諭署、訓導署等。各學的一些附屬建築物常因經濟狀況、地理環境、建學時間長短不同，而有繁簡之別。歷時久遠的學校經常增修，較爲完備，發展成頗具規模的建築群；新興的學校則較簡單，但其規制大體相似，通常大成殿座落在整個建築群的中軸線上，主要有右廟左學、左廟右學、前廟後學三種形式，明倫堂在大成殿之旁，也有在大成殿之後者。皆坐北朝南。教諭署、學正署、教授署和訓導署通常在明倫堂左右或後面。

　　傳統建築規格式樣都有嚴格的等級區別。皇宮是最高等級，屋頂用重簷廡殿式，文廟則用次一級的重簷歇山式，大成殿的正門平日關閉，只有在特殊情形如長官蒞臨或該學出狀元時才開，對於士子有激勵之意。

　　清季廢除科舉，改設新式學堂，學宮多被荒廢或改爲中小學堂、教育會等，民國以來學宮的用途更爲多樣，除了當一些中小學的校舍外，還被用作博物館、展覽館、甚至政府機構的辦公室，如教育局等。中華人民共和國成立後，經歷文革浩劫，文廟被視爲要破除的對象，受到嚴重毀壞，1979 年實施改革開放以來，又被視爲具有文化藝術價值和經濟效益而加以保護重建，致力恢復舊貌。儘管如此，許多文廟在激烈的時代變遷下，不敵都市化、商業化的進展，已經愀然消失，以至於許多城市如今只剩下文廟街、大成街、育才街、學宮路、東學巷、循禮巷〔註 14〕等街巷名與道路名，供後人知道附近曾是古代文廟、學校的遺址；清末民初有些初級小學即以文廟街、明倫堂等命名〔註 15〕。倖存至今的文廟，雖然許多僅保存大成殿的建築，仍頗受地

〔註10〕明世宗即位後，作「敬一箴」，並於嘉靖八年從輔臣奏請，詔兩京國子監及天下府州縣學各建亭立碑，首刻敬一箴，次范氏之箴及程子視聽言動四箴（《中牟縣志》，藝文，碑記，頁 62，教諭沈鈺，〈儒學敬一亭碑記〉）。

〔註11〕庖所是公廚，學校舉行春秋祭祀等禮儀後有關人員會食之所，湢所是祭祀前有關人員沐浴之所，這類輔助設施建築位於學校中較偏遠之地。

〔註12〕泮池是半圓形之水池，在進入學校後即可見，這一設計增加學習環境的清幽與建築的優美，智者樂水，也增添整體建築的靈秀之氣。古時稱生員入學爲入泮，以具體的建築物代表抽象的含義。

〔註13〕射圃之由來，「按古者習射於澤宮，天子射於虞相之圃，此各學均置射圃之意。洪武三年詔定學校射儀，此學圃之由昉也。」（《齊河縣志》，卷十八，頁 2）

〔註14〕例如：《重修信陽縣志》，卷一，頁 35，「循禮巷，爲學宮及奎林書院所在而名也。育才巷，爲儒學故地及賢良書院所在而名也。」

〔註15〕例如：《昌樂縣續志》，卷十四，頁 6，山東昌樂有縣立明倫堂初級小學。

方政府保護，由於孔廟絕大多數是位於舊城中心，其修復一方面爲都市保留重要的文化資產，帶來旅遊觀光效益，另一方面更有激勵後人在繼承傳統文化的基礎上，振興各地文風，加以發揚光大之用意，都賦予這些傳統建築群以肩負文化傳承的新生命。

（一）入祀文廟人物

文廟是主要祭祀孔子的地方，故又稱「孔子廟」或「孔廟」〔註16〕。孔子之神位放在大成殿內正位，南面。由歷代政府對孔子的封謚，可見孔子在後代的地位大致是上升的。茲將其重要發展敘述如下：

魯哀公十七年誄孔子曰尼父，

漢平帝元始元年追謚孔子爲襃成宣尼公，

東漢和帝永元四年謚爲襃尊侯，

北魏孝文帝太和十六年改謚孔子爲文宣尼父，

北周靜帝大象二年追封孔子爲鄒國公，

隋文帝謚孔子爲先師尼父，

唐高宗武德七年令以周公爲先聖，南面坐；以孔子爲先師配享，東向坐，

唐太宗貞觀二年改尊孔子爲先聖、其弟子顏子爲先師配享，此爲專祀孔子之始，

唐高宗乾封元年贈孔子太師，

唐中宗嗣聖七年封孔子道隆公，

唐玄宗開元二十七年謚孔子爲文宣王，孔子由「公」升格爲「王」，而且開始得與周公並坐南面，後來孔子的地位很快超過周公，

宋眞宗大中祥符元年謚孔子爲元聖文宣王，五年改謚至聖文宣王，

明世宗嘉靖九年改尊孔子爲至聖先師，〔註17〕

〔註16〕祭祀孔子的文廟是與祭祀關公的武廟相對而言，文廟一詞用了許久，有認爲僅稱「文廟」不足以涵蓋包羅廣大的孔子之道，應以稱「孔子廟」爲適當。例如《景寧縣續志》編纂者即認爲：「廟之稱文，始於永樂。孔子萬世師表，道無不包，僅以文名，似嫌褊隘。魯哀公立孔子廟於闕里，其名最古，援照改題。」（《景寧縣續志》，卷十，頁2）民國三年（1914）政府下令改稱文廟爲「孔子廟」。

〔註17〕明世宗嘉靖九年，爲彰顯政統高於道統，將孔子地位由王降爲師（參見：黃進興，〈道統與治統之間：從明嘉靖九年孔廟改制談起〉，《中央研究院歷史語

　　清入關之初，封孔子爲大成至聖文宣王，順治十四年定稱爲至聖先
　　師。〔註18〕

清代諸帝爲表崇儒重教，特別尊崇孔子。自聖祖起，每位皇帝在即位之後，
皆頒發御書極度尊崇孔子的匾額於天下學宮，懸掛於大成殿內最顯著的地
方，至今仍保存於許多孔廟裡。頒發御書匾額的時間與文字如下：

　　康熙二十三年頒御書「萬世師表」額、雍正四年頒「生民未有」額、乾
隆三年頒「與天地參」額、嘉慶六年頒「聖集大成」額、道光二年頒「聖協
時中」額、咸豐二年頒「德齊幬載」額、同治二年頒「聖神天縱」額、光緒
元年頒「斯文在茲」額〔註19〕。御匾長約二公尺，印章位於匾的正中上方。
匾額所載的文字顯示孔子在清代地位之崇高，遠遠超過古代。清初儘管屢興
文字獄，皇帝對孔子的尊崇程度，可由雍正三年（1725）頒詔下令姓丘者改
爲邱，以避孔子名諱看出。

　　至於四配、十哲（清初雖增至十二哲，有些儒學仍稱十哲）、先賢、先
儒，歷代屢有增祀、罷祀、復祀、升位之舉，變動而不一致。四配十哲因地
位高，人數有限，在各方志中都一致，但先賢先儒的人數則因從祀、罷祀或
復祀、升位等情況先後而稍有出入，少者約 150 位，最多可達 166 位，方志
如果開列名單，其順序也略有不同，此處據民國二十三年刊本之《續修曲阜
縣志》、宣統元年刊本之《固原州志》等所載爲準，列其名字及從祀年代與變
更情形如下：

　　四配指東配（東位西面）：復聖顏回（歷朝祀七十二子，均以顏子位第一
配饗，元至順元年封兗國復聖公）、述聖子思（宋大觀二年從祀，端平三年升
哲位，元至順元年封沂國述聖公）；以及西配（西位東面）：宗聖曾參（唐開
元八年從祀，宋咸淳三年配饗，元至順元年封郕國宗聖公）、亞聖孟軻（宋元
豐七年配饗，元至順元年封鄒國亞聖公）。

　　十哲（後增爲十二哲）包括東哲（東傍西面）：閔損、冉雍、端木賜、仲

<hr>

〔註18〕言研究所集刊》六十四卷四期，1990 年）。黌宮所設聖賢像，「嘉靖十年，詔
　　　　撤像，易木主。」（《重修正陽縣志》，卷一，頁37）

〔註18〕詳見《續修曲阜縣志》，卷一，頁 18。又，孔子對周代極爲心儀，曾自稱：「吾
　　　　從周」，對周公更是景仰，因而常夢到周公，《萬曆野獲編》〈文廟不祀周公〉
　　　　條，就頗爲周公抱不平云：「今制獨崇孔子，固爲至當。但顏子猶得降居四配；
　　　　以周公上聖，僅祀於文華殿之東室，則五帝三王之後，雖與孔子東南相向，
　　　　然不得復享大祭，是亦當討論。」

〔註19〕《江西通志》，建略志，學校一，卷七十，頁 2～4。

由（以上皆開元八年從祀）、卜商（貞觀二十一年以經師從祀，開元八年升哲位）、有若（開元八年從祀，乾隆三年升哲位）；西哲（西傍東面）：冉耕、宰予、冉求、言偃（以上皆開元八年從祀）、顓孫師（開元八年從祀，咸淳三年升哲位）、朱熹（淳祐元年從祀，康熙五十一年升哲位）〔註20〕。

　　東西兩廡供奉孔子弟子及歷代受儒家推重和對儒學發展有貢獻的先賢和先儒。「先賢」以明道修業為主，「先儒」以傳經授業為主。先賢包括東廡先賢四十位：公孫僑（咸豐七年從祀）、林放、原憲、南宮适、商瞿、漆雕開、司馬耕、梁鱣、冉孺、伯虔、冉季、漆雕徒父、漆雕哆、公西赤、任不齊、公良孺、公肩定、鄡單、罕父黑、榮旂、左人郢、鄭國、原亢、廉潔、叔仲會、公西輿如、邽巽、陳亢、琴張、步叔乘、秦非、顏噲（以上皆開元二十七年從祀）、顏何（開元二十七年從祀，嘉靖九年罷，雍正二年復祀）、縣亶、牧皮、樂正克、萬章（以上雍正二年從祀）、周敦頤、程顥（以上宋淳祐元年從祀）、邵雍（咸淳三年從祀）；以及西廡先賢三十九位：蘧瑗（開元二十七年從祀，嘉靖九年罷，雍正二年復祀）、澹臺滅明、宓不齊、公冶長、公皙哀、高柴、樊須、商澤、巫馬施、顏辛、曹卹、公孫龍、秦商、顏高、壤駟赤、石作蜀、公夏首、后處、奚容蒧、顏祖、句井疆、秦祖、縣成、公孫句茲、燕伋、樂欬、狄黑、孔忠、公孫蔑、顏之僕、施之常、申根（以上皆開元二十七年從祀）、左丘明（貞觀二十一年從祀）、秦冉（開元二十七年從祀，嘉靖九年罷，雍正二年復祀）、公明儀（咸豐三年從祀）、公都子、公孫丑（以上皆雍正二年從祀）、張載、程頤（以上淳祐元年從祀）。以上先賢位，宋以前從祀者皆稱封爵，嘉靖九年改稱先賢某子，宋五子嘉靖時稱先儒，崇禎十五年改稱先賢，位在七十子之下，漢唐諸儒之上。到清代仍稱先賢，不稱子。

　　先儒包括東廡先儒四十位：公羊高、伏勝（以上貞觀二十一年從祀）、毛亨（同治二年從祀）、孔安國、毛萇、杜子春（以上貞觀二十一年從祀）、鄭玄（貞觀二十一年從祀，嘉靖九年改祀於鄉，雍正二年復祀）、諸葛亮（雍正二年從祀）、王通（嘉靖九年從祀）、韓愈（宋元豐七年從祀）、胡瑗（嘉靖九

〔註20〕康熙對理學集大成者朱熹推崇備至，五十一年（1712）將朱熹的地位從先賢升至先哲，尊為第十一哲，其原因是：「惟宋儒朱子注釋群經，闡發道理，凡所著作及編纂之書，皆明白精確，歸於大中至正，經今五百餘年，知學之人，無敢庇議。朕以為孔孟之後，有裨斯文者，朱子之功，最為宏巨。」（《清聖祖實錄》，卷二四九，康熙五十一年二月丁巳）

年從祀）、韓琦（咸豐二年從祀）、楊時（明弘治八年從祀）、謝良佐（道光二十九年從祀）、尹焞（雍正二年從祀）、胡安國（明正統二年從祀）、李侗（明萬曆四十二年從祀）、呂祖謙（宋景定二年從祀）、袁爕（同治七年從祀）、黃幹（雍正二年從祀）、輔廣（光緒五年從祀）、何基（雍正二年從祀）、文天祥（道光二十三年從祀）、王柏（雍正二年從祀）、劉因宣（宣統二年從祀）、陳澔（雍正二年從祀）、方孝孺（同治二年從祀）、薛瑄（明隆慶五年從祀）、胡居仁（萬曆十二年從祀）、羅欽順（雍正二年從祀）、呂柟（同治二年從祀）、劉宗周（道光二年從祀）、孫奇逢（道光八年從祀）、黃宗羲（光緒三十四年從祀）、張履祥（同治十年從祀）、陸隴其（雍正二年從祀）、張伯行（光緒四年從祀）、湯斌（道光三年從祀）、顏元（民國八年從祀），以及西廡先儒三十九位：穀梁赤、高堂生（以上貞觀二十一年從祀）、董仲舒（元至順元年從祀）、劉德（光緒三年從祀）、后蒼（嘉靖九年從祀）、許慎（光緒三年從祀）、趙岐、范寧（貞觀二十一年從祀，嘉靖九年罷，雍正二年復祀）、陸贄（道光六年從祀）、范仲淹（康熙五十四年從祀）、歐陽修（嘉靖九年從祀）、司馬光（咸淳三年從祀）、游酢、呂大臨（光緒二十一年從祀）、羅從彥（萬曆四十二年從祀）、李綱（咸豐元年從祀）、張栻（景定二年從祀）、陸九淵（嘉靖九年從祀）、陳淳（雍正二年從祀）、眞德秀（正統二年從祀）、蔡沈（正統二年從祀）、魏了翁（雍正二年從祀）、趙復（雍正二年從祀）、金履祥（雍正二年從祀）、陸秀夫（咸豐九年從祀）、許衡（元皇慶二年從祀）、吳澄（明正統八年從祀，嘉靖九年罷，清乾隆二年復祀）、許謙（雍正二年從祀）、曹端（咸豐十年從祀）、陳獻章（萬曆十二年從祀）、蔡清（雍正二年從祀）、王守仁（萬曆十二年從祀）、呂坤（道光六年從祀）、黃道周（道光五年從祀）、王夫之（光緒三十四年從祀）、陸世儀（光緒元年從祀）、顧炎武（光緒三十四年從祀）、李塨（民國八年從祀）〔註21〕。到清代，只稱先儒不稱子。

以上所列在文廟裡享用祭饗的 183 人中，孔子與其及門弟子和再傳弟子即占一半以上，十二哲中僅朱熹爲南宋理學家，東西兩廡先賢幾乎全爲孔門弟子，僅北宋五子得各占一席，位在七十子之下，漢唐諸儒之上。各朝從祀者中，以宋代爲最多，漢、明、清三朝的人數在伯仲之間。宋儒地位特別崇

〔註21〕排列順序主要參考《續修曲阜縣志》，卷一，〈聖賢志〉，頁 10～17。入祀及改祀、復祀時間據《固原州志》，卷四，學校志，頁 3～14。清代修纂之方志，東西兩廡先賢人數較固定，各四十人，東西廡先儒則人數因各儒入祀時間與方志編纂刊印時間不同而有出入，大約是各三十四至三十九人之間。

高，應與宋儒在弘揚儒學方面能另闢蹊徑、以及許多學校本創建於宋代有
關。這些經由歷代大臣奏請，皇帝欽定的入祀者皆代表一脈相傳之儒家道
統，在立德、立功或立言方面有重大貢獻，足爲後人矜式的一代宗師。清代
對官員奏請從祀孔廟之請的審查相當嚴格〔註22〕，而其標準與宋元明有所不
同〔註23〕，顯示已不再拘泥於闡釋儒家思想的狹窄標準，而是擴及對儒家思
想的實踐有事功者，換言之，過去著重立德與立言，清代更爲重視立功。例
如諸葛亮在清代以前被認爲是法家人物，清代認定他「鞠躬盡瘁，死而後已」
的精神就是儒家思想的實踐，經過爭議，終於得以入祀文廟。

　　正因入祀文廟得之不易，更加強士子因景仰典型先儒而生思齊之心，明
教學之源，即達到朝廷設學養士之旨。各府州縣學內之名宦祠、鄉賢祠、忠
義祠等，亦同具教化功能。歷代任職本地而有功於民之官員、本地德行著聞
之士紳，主要是仕宦外地有作爲者、爲國事殉難之士民等，經督撫學政合奏
題准入祀後，即可設立木主牌位於各學之名宦、鄉賢、忠義等祠，地方官於
每年春秋進行祭祀。對於這些德澤及民，盡忠社稷者，死後享有如此尊榮，
目的即在勸勉爲官者多行德政，鄉紳常做善事，百姓要講求忠孝節義。這
些祠在當時有其意義與功能，形成凝聚力極強的道德標準，影響當時及後世
至大。

　　自清季廢科舉後，學宮與文廟經歷變革，被改爲勸學所或中小學堂，其
用途與過去有所不同。學官遇到制度的變革後，不再有管理學校之責，被裁
廢的學官或者回家養老，或者在過渡時期擔任學堂職務，也有另謀出路者。

（二）整修文廟與學宮

　　各地自從興建學校以來，由於建築主體是土木結構，年久就容易傾圮毀
壞，必須經常整修；學校建築更易受兵燹破壞而荒廢，如逢改朝換代或是大亂
之後，荒廢時間更長〔註24〕。地方官常以整修、增建學校爲其要務〔註25〕，

〔註22〕趙祖銘編，《清代文獻邁古錄》，頁96，記載乾隆四十六年諭從祀宮牆須人品
　　　　學問醇粹無疵，久經論定者。咸豐十年諭入祀文廟之標準爲闡明聖學，傳授
　　　　道統。同治二年諭督撫學政欲奏請從祀文廟者，須將其生平事蹟著作，送部
　　　　查核。
〔註23〕劉聲木云：「自南宋元明以來，從祀文廟者率皆偏重儒術，我朝以學術經濟並
　　　　重，故自康熙以來歷經諸臣奏請從祀文廟者，如漢諸葛亮、唐陸贄、宋范仲
　　　　淹、李綱、文天祥諸人，行誼昭垂，皎然與日月同光。」（劉聲木，《萇楚齋
　　　　續筆》，卷二，頁1）
〔註24〕這類情形見於各方志學校志。例如：根據《江西通志》建置略學校篇記載，

文廟是神聖之地，學官須加意守護，不容許任何人在內胡作非為〔註 26〕。學官居住在學署中，亦常捐俸、壽金或請用公款修理〔註 27〕，以一新觀瞻。方志中學官傳留下甚多學官捐俸修學宮之例，最著名的人物如《儒林外史》作者吳敬梓的父親吳霖起任江蘇贛榆教諭，淡泊名利，收入有限，卻捐俸修學宮〔註 28〕。由於建造費用高，對學官而言，是筆不小的花費，其過程常歷經周折〔註 29〕。因為學校的整飭與否，小則影響關係生員的教學，大則關係國家社會的倫理教誨與文化延續。故曾國藩在著名的〈討粵匪檄〉中即以太平軍「焚柳州之學宮，燬宣聖之木主，十哲兩廡，狼藉滿地」為控訴太平軍之一大罪端時，即能激起以維護名教綱常為己任的紳民之公憤。此後太平軍等部隊所過之處，對學校建築仍有破壞力，例如上海小刀會首領劉麗川即以該地學宮為其司令部〔註 30〕。亂事平定後，各地紛紛興修被兵燹破壞的學宮，然而粉飾外表容易，重振精神則難，同治以後的地方儒學教育因本身積弊頗

明清易代之際，學校有荒廢達十餘年者。

〔註 25〕 包世臣於〈南昌縣重修學宮記〉云：「瞻仰學宮，常至風雨無所蔽，廡牖穿，門闌頹，廟且有鞠為茂者。」故加以整修（包世臣，《安吳四種》，齊民要術，卷二十九，頁 14）。似此因戰事而受破壞之學校，學官與地方官倡修者甚多。

〔註 26〕 乾隆四十八年（1783）任江西鄱陽訓導，後升贛縣教諭的鄧友樗，「贛俗重武，兵素悍，牧馬聖廟，率以為常。門斗莫敢禁，各營鼓譟風起圍困學宮者數千人，友樗白諸鎮憲不理，乃通詳上憲咨部奏請奉旨嚴辦，武官自總鎮以下降罰黜革各以等差，兵之首惡正法，黨從軍配，嗣是贛郡兵氣稍輯，而聖廟始肅」（《建昌府志》，同治十一年刊本，卷八，頁 27）。

〔註 27〕 新喻士紳釀金二百餘為嘉慶年間新喻訓導漆瑞美祝壽，他指著當時將圮的學齋說：「蒞茲土者皆以齋為傳舍，余不然也。君等以金壽我，曷若以齋壽我？」於是以金修茸，廨舍一新。以壽金修學署，也為來者著想，方志稱其「潔己修職」（《瑞州府志》，卷十三，頁 39）。

〔註 28〕 《贛榆縣志》，卷九，頁 18 載吳霖起於康熙丙寅（1686）拔貢，甲午（1714）任贛榆教諭。

〔註 29〕 例如：江西長寧縣學，初在縣東門內，康熙十八年遷於縣署之右，東向，地湫隘，僅成聖殿。二十六年在知縣和教諭的努力下，遷復故址，南向。教諭吳子用於四年前集邑紳士共商重修之議，訓導阻之，謂此守土事也。吳曰：「天下事患不為耳，不患為之而不成也。」遷復舊學落成之日，吳與諸生曰：「天下無不可為之事，亦無為而不成之理。今已成矣，砥行潛修，務為古聖賢之學，諸生勉乎哉！」（《贛州府志》，卷二十五，頁 5）

〔註 30〕 《太平天國文獻彙編（六）》，頁 547：「初，劉賊偽輞在敬業書院，既而遷明倫堂，常登文星閣瞰城外，遂拆大成殿以廣其居。」同書，頁 967，羅孝全，〈小刀會首領劉麗川訪問記〉：「我於今日往訪劉麗川氏於文廟，此處即其大本營也。」

深，在教育革新的過程中，即趨式微。

（三）參與文廟祀典

漢代以來，統治者常利用儒家學說的忠孝節義等思想以安定社會人心，而達成其安定政治之目的。因此祀孔之典就愈趨隆重。茲略述重要者如下：

魯哀公十七年（孔子卒後一年，西元前 478 年），哀公建廟於孔子舊宅，春秋祀以豬羊，

漢高帝十二年（西元前 195 年）過魯，祀以太牢，為帝王祀孔子之始，

東漢明帝永平二年（西元 59 年），東狩至魯，祭孔子及七十二弟子，為祀弟子之始，

唐太宗貞觀四年（630），詔州縣皆立孔子廟，四時致祭，為州縣立孔廟之始，

唐玄宗開元二十七年（739），詔祀先聖，樂用宮縣，舞用六佾，

明孝宗弘治九年（1496），釋奠先聖，舞改六佾為八佾，

清德宗光緒三十二年（1906），以孔子至聖，萬世師表，升為大祀〔註31〕，祭器改為籩十二、豆十二、樂舞為八佾。

至於文廟中大成殿上孔子所著之廟像章服，規格也愈來愈高：

唐玄宗開元二十七年始用王者袞冕之服（以前用司寇服），

宋真宗大中祥符二年（1009）加先聖冕九旒，服九章，

徽宗崇寧四年（1105）改用王者冕十二旒，服九章，

金世宗大定十四年（1174）加至冕十二旒，服十二章。〔註32〕

清代各省之府州縣學每年春秋仲月上丁（即二月與八月的第一個丁日，尤其重視八月的祭典）舉行釋奠禮，祭祀先師孔子以及四配十二哲、先賢先儒等〔註33〕，一如京師先師廟之制。正獻官為各地方正印官，即知府、知州、知縣等，其佐貳及所屬任兩序分獻，學官任崇聖祠分獻，生員擔任引贊。惟各

〔註31〕《續修曲阜縣志》，卷一，頁 18。
〔註32〕《續修曲阜縣志》，卷一。
〔註33〕選擇仲月丁日舉行釋奠禮的原因見於莊金德編著，《清代台灣教育史料彙編》，頁 407，「月用仲，取時之正；日用丁，取文明之象。」《許昌縣志》，卷四，頁 1 進一步解釋：「文廟每歲春秋仲月上丁致祭，以二八陰丁屬火，取陰火文明之象。」皆說明傳統文化中蘊涵著豐富的象徵意義。又，釋奠禮的涵意為：釋，置也，謂但置牲幣、設饌、奏樂以奠，無尸、無飲食、坫酢等儀，以其主於行禮，非報功也。

省首府之學較爲特別，凡文廟在省會者，雖曰府學，常以巡撫使者主其事，以示尊禮先師之意〔註34〕。

與祭者於丁前三日齋戒，祭前一日有司飭廟戶潔掃殿廡內外，預視各牲皆純色肥大，無傷殘疾缺後即宰之，正獻官率員入學，習儀；學官率樂舞諸生入學，習舞習吹。典禮井然有序，極爲莊嚴愼重。

祭祀之日，設承祭官（即正獻官）拜位於大成殿陛下，讀祝、受福胙之拜位於殿中門檻內，分獻官之拜位在甬道左右，陪祀官在庭內左右，皆北面。五鼓時，典禮開始。文廟中，鼓三嚴，文武各官朝服進廟，贊禮生引承祭官、分獻官由左側門入，至於階東，盥手畢，詣拜位前立。承祭官、分獻官、贊禮生、樂舞生等各就其位後，贊迎神，奏昭平之樂。樂作，贊就上香位，引承祭官升東階入殿左門，贊詣先師香案前，贊跪，承祭官跪，行一叩禮，興；贊上香，司香跪奉香，承祭官上炷香三，跪行一叩禮，以次詣四配位前跪，上香儀同，贊復位，引承祭官退，降階復位。

初迎神時，贊禮生分引東西序分獻官各一人升東西階，入殿左右門，詣十哲位前跪、上香、退、復位；引兩廡分獻官東西各二人分詣先賢先儒位前跪、上香、退、復位，均如前儀。贊禮生贊跪、叩、興，承祭官、分獻官、陪祀官行三跪九叩禮，興，樂止。

典禮贊奠帛爵，行初獻禮，奏宣平之章，舞羽籥之舞。樂作，贊禮生引承祭官升階，贊詣先師位前，贊跪，承祭官跪行一叩禮，興；司帛跪奉篚，拱舉奠於案；司爵跪奉爵，承祭官受爵，拱舉奠於墊中，跪行一叩禮，興。

贊禮生贊就讀祝位，引承祭官至殿中拜位立，贊跪，承祭官、分獻官、陪祀官均行三跪九叩禮，興。贊禮生引承祭官以次詣四配位前奠帛、獻爵、復位；贊禮生分引兩序分獻官詣十哲位前跪、奠帛、獻爵、復位；引兩廡分獻官詣先賢先儒位前奠帛、獻爵、復位，均如儀，樂止。

亞獻奏秩平之章，舞同初獻，樂作。贊禮生引承獻官升階，贊詣先師位前及四配位前，奠爵於左如初；兩序兩廡分獻畢，均復位，樂止。終獻奏敘平之章，樂作，引承祭官升階，奠爵於右如亞獻禮，兩序兩廡分獻畢，均復位，樂止，文德之舞，退。

典禮贊詣受福胙位，引承祭官至殿中拜位立，奉福胙二人自東案奉福胙

至先師位前拱舉，退立於承祭官之右，接福胙二人自西案進，上於左；贊禮生贊跪，承祭官跪，贊引福酒，右一人跪遞福酒，承祭官受爵拱舉，以授於左，次受胙如引福之儀；贊叩興，承祭官三叩興；贊復位，引承祭官復位。贊跪、叩、興，承祭官、分獻官、陪祀官均行三跪九叩禮，興。

典禮贊徹饌，奏懿平之章，樂作，徹畢，樂止。贊送神，奏德平之章，樂作，贊禮生贊跪、叩、興，承祭官、分獻官、陪祀官均行三跪九叩禮，興，樂止。

典禮贊奉祝帛香饌送燎，有司各奉祝帛香饌，恭送燎所。承祭官避立拜位西旁，俟過復位，樂作，贊禮生引承祭官詣燎所視燎畢，仍引出門〔註35〕。

釋奠禮的進行，動作分明，井然有序，莊嚴隆重。即使每個小節，都有深刻寓意。以佾舞言，其舞器、動作皆寓有教化之意。劉濂解釋文廟佾舞生左手執籥，右手秉翟（見附圖二），未開舞時籥在內翟在外，籥橫而翟縱之因是：

> 左手屬陽，右手屬陰；陽主於聲，陰主於容；故左籥而右翟也。和順積中，英華發外，故籥內而翟外也。籥象衡運準平，翟象表端繩直，故籥橫而翟中也。〔註36〕

文舞之十二式分別象徵四端、五常與三綱。例如上轉式象惻隱之仁、下轉式象羞惡之義、外轉式象是非之智、內轉式象辭讓之禮、轉初式象惻隱之仁、轉半式象羞惡之義、轉周式象篤實之信、轉過式象是非之智、轉留式象辭讓之禮、服覩式象尊敬於君、仰瞻式象親愛於父、回顧式象和順於夫〔註37〕，將佾舞的每個動作都解釋成為倫理道德的教化功能。對於音樂與佾舞之間的配合與動作變化，也解釋其深刻的涵意：

> 凡歌一闋則舞一成，奠帛三獻共四成，始終共六變，起於中而散於中。初變在綴之中，東西立，象尼山毓聖，五老降庭；再變而為佾數，稍前進，象箓仕於魯而魯治；三變而東西分，象歷聘列國而四方化；四變稍後退，象刪述六經，告備於天；五變而左右，象論論授受，傳道於賢；六變而復歸於綴中，東西立，象廟堂尊享，弟子列配。〔註38〕

〔註35〕詳見《雲和縣志》，卷五，頁23～24、《光緒桐鄉縣志》，卷四，頁21～24。
〔註36〕朱載堉，《樂律全書》〈律呂精義外篇〉，卷九，頁18。
〔註37〕朱載堉，《樂律全書》〈律呂精義外篇〉，卷十，頁1～3。
〔註38〕《齊河縣志》，卷七，頁10。

文廟所用的樂器，種類甚多（見附圖三），演奏位置亦有一定。演奏時，各種樂器齊奏，金聲玉振，音調單純，速度適中，有雍容和雅的特質，莊嚴肅穆的氣象，亦與教育主旨配合。因而釋奠禮的舉行，除了禮敬先聖先賢之外，也有教化士人之意〔註39〕。

祀典所用禮器（見附圖四）與祭品（見附圖五）都很多，費用頗大，州縣負擔不起者，往往自行減削，清政府諭令可於存公銀內撥補〔註40〕。

丁祭儀式繁複，必須勤加講求，否則即易不合儀節。殿廡的木主牌位眾多，亦須勤加考察，以免放錯或遺漏。文廟中的禮器與樂器，每逢火災、水災、兵災，即易散失。因此，留心釐正祀典、檢查祭祀用的牲畜〔註41〕、增置禮器樂器、乃至選拔舞生、樂生等有關隆重的釋奠禮得以順利舉行的關鍵，都是教官的職責。

二、考課生員

「生員」二字連言以爲專稱，當起於唐代。生是學生，員是有定額之意〔註42〕。明清兩代，生員雖爲科舉制度中最低的一種功名，但是得來不易。讀書人成爲生員之前，即經歷許多考試。由童生開始，即使通過知縣主持的縣考、知州主持的州考或知府主持的府考，仍須通過各省學政主持的院試，才得入學成爲生員，俗稱秀才。

各學的學額是根據文風高下、錢糧丁口多寡而定，常因時勢變動而有增減。清廷將各學分爲上、中、小三級，順治四年定上學學額四十名，中學三十名，小學二十名；十五年定府學二十名，州縣學上學十五名，小學四或五

〔註39〕《光緒浦江縣志稿》，卷四，頁15，編撰者稱：「治化出自人才，儲材本諸學校，入廟而見美富，不禁懍然高望焉。」

〔註40〕《吳橋縣志》，卷二，頁33，記載欽定祭品觔兩，均照國學，「但近來簡略成風，所備或無十之一二」。雍正十一年諭：「著各省督撫查所屬有除荒減費之州縣，即於存公銀內撥補，務令粢盛豐潔，以展朕肅將禋祀之誠。」（《皇朝政典類纂》，卷二十八，頁8）

〔註41〕學官職司先聖祭祀，庸者不諳禮儀無虔誠，《續修歷城縣志》，卷三十九，頁9載，乾隆乙丑年進士任相擔任山東蒲台教諭二十一年，每逢祭祀，必自看牲，至卒事，敬禮有加，助祭者皆肅。《邱縣志》，卷五，頁40稱康熙十九年到邱縣任教諭的周泰生「遇祭躬陳俎豆，必潔必豐，數十年廢墜，一旦重整」，同書卷五，頁24亦載乾隆十七年起任邱縣訓導的车蘊珍，「歲春秋丁祭，俎豆陳設，必躬爲檢點。」顯示認真祭祀的學官必然注意細節。

〔註42〕顧炎武，《日知錄》，卷十七，頁1。

名；康熙五年又改，府州縣上學仍舊額，中學十二名，小學八至十名，以後
各地又有不定期與不定量的增廣學額（包括暫廣學額與永廣學額）。此外，爲
普及皇恩於特殊身份的群體，還特設商籍、灶籍、客童、寄籍、畬民、沙學、
苗童、傜童、土生等學額，俱詳載於《大清會典》之中。

　　在科舉制度體系中，因其主要目的不在普及教育，而是作爲選拔官員的
機制，因此政府不僅控制高等功名進士、舉人的錄取人數，還控制最基層的
生員人數，即所謂「學額」，並特設學官加以管理，兼有監督與培育之意。一
方面因爲生員尙屬年輕氣盛，爲免聚眾滋事，故派學官加以管束；一方面也
因生員是經國家考試選拔出來的優秀人才，爲儲備將來可用之人，亦有再加
以造就之必要，不僅要求學官平日考課生員，還另派學政按臨考試。

　　學官考校生員，通常分月課與季考，都在明倫堂舉行。學校雖爲各地教
育生員的機構，然而一般生員平日忙於館穀維生，只有在學官月課季考或督
撫到任、學政按臨學宮之時，才赴學參加考課或講書，以免無故不到，而被
學官戒飭〔註43〕。學官對生員的考覈分六等，前三等才有領廩餼的資格，最
後兩等要被罷黜。明末清初三大家之一的魏禧稱，生員在嘉道以後於取得生員
身份後即等待參加科舉考試，根本不在學校讀書。咸同年間捐生員者日眾，
全國增加數萬名，很多根柢淺薄，文藝粗疏，濫竽充數，士風日壞〔註44〕。
咸豐十一年授河南許州學正的王驤衢即慨然認爲「學內月課，特奉行故事
耳。爲造士計，莫若立文社。」〔註45〕儘管如此，有些學官是認眞教學的，
像康熙年間湖南邵陽學官吳宏初和鄭岊，對待月課，不僅不以具文視之，還
說：「吾爲教官，求稱其職耳。」〔註46〕也有的學官自費將月課佳卷，彙集刊

〔註43〕雍正十二年嚴定月課季考不到之例，「凡直省學官按月課，四季季考。如有
　　　　託故三次不到者，即行嚴傳戒飭，其有并無事故終年不到者，詳請斥革。如
　　　　教官不行課試，經上司察出揭報咨參，計其廢弛次數，每次罰俸三月，若視
　　　　爲具文不舉行者革職。」（《西華縣續志》，卷八，頁3）西華縣續志編者認爲
　　　　到了清季，「教官等於虛設，月課季考，久廢不行，學術日壞，此清社所以
　　　　屋也。」
〔註44〕魏禧，《魏叔子文集》，卷三，〈制科策〉。
〔註45〕許州學正王驤衢延請品學兼優的孫甫崧至學署中，倡立棃花社，以廣造就。
　　　　社內認眞授課，刪改作業。次年（同治元年）起，許州即連科中舉，甚至出
　　　　進士，打破許州數科無人上榜的情況。由於教澤宏深，直到民國初年，許州
　　　　明倫堂內西側尚有去思碑（《許昌縣志》，卷八，頁42）。
〔註46〕康熙二十三年到任邵陽訓導的吳宏初，「舉行月課，必勤必恪，不以具文視
　　　　也。」四十四年到任邵陽教諭的鄭岊，「教諸生甚勤，曰：吾爲教官，求其稱

刻，以爲獎勵〔註47〕。莫曜任河南鄢縣學博，設大成、鷹揚兩舍，進文武生員訓誨之，科第遂興〔註48〕。乾隆四年任城步教諭的吳中孚督課諸生甚勤，他說：「君子居是位，則求盡是職，官之崇卑奚計耶！」〔註49〕正因這些學官肯認眞月課，敬業樂業，故能收到確實的教學成效。

清代地方學官教學內容常是配合科舉考試，以八股制藝爲主，也有兼課經義策論、講解大清律例、刑名錢穀之要者；有些特別著重黜浮華，崇實學，先德行，後文藝。其一再強調先德行後文藝者，固然因爲傳統教育重視德育，且學宮主要建築物名爲明倫堂即是要注重倫理道德之意，也有防止士人不自愛，利用特權在地方橫行霸道之意〔註50〕。學官不願隨意扑責或褫革，即須加強德育，以執行朝廷既定的教育宗旨：〈欽定臥碑文〉〔註51〕、〈御製訓飭士子文〉等規範生員行爲的內容〔註52〕。這些內容皆是要求生員要孝

職耳。」(《寶慶府志》，卷一〇九，頁24～25)

〔註47〕湖南攸縣訓導袁鍾，「月課生童，每會捐賞三兩，俱應紙卷飲饌諸費。所得佳卷，彙爲一集，刊刻獎勵。」他雅意作人，方志編者稱頌他「不愧師範」(《長沙府志》，卷二十一，頁52)。

〔註48〕莫曜後來兼攝本縣事，裁決如流，用刑平恕。署扶溝學時，奉憲命捕蝗禱雨，查點煙戶，稽盤奸匪，因積勞成疾以終。鄢人謂作本邑城隍(《重修盧氏縣志》，卷八，頁27)。

〔註49〕《寶慶府志》，卷一一〇，頁21。

〔註50〕當時的劣生行徑，有出入衙門、包攬詞訟、抗糧抗捐、罷考鬧漕、魚肉鄉民、窩賭包娼等。卞頌臣稱：「文生不守臥碑，以搆訟爲能，斂錢包告，事不干己，出頭幫扛。武生則窩賭包娼，橫行鄉曲，積習爲害殊深，風俗人心，大有關係。」(卞頌臣，《卞制軍政書》，卷一，頁11)。顧炎武說：「今天下之生員，歲以三百計，不下萬人。而所以教之者，僅場屋之文。然求其眞成文者，數十不得一；通經知古今可爲天子用者，數千人不得一也；而囂訟逋頑以病有司者，比比而是。」(顧炎武，《亭林詩文集》，卷一，頁190)

〔註51〕明太祖洪武十五年，詔頒〈臥碑〉立明倫堂左(《齊河縣志》，卷十八，頁2)。其內容與順治九年頒布的大同小異(《高密縣志》，卷九，頁3)，全文詳見下註。

〔註52〕詳見《欽定學政全書》，卷二，頁1～13。臥碑放在明倫堂之左，是順治九年(1632)禮部刊立曉示生員的學規，其教條內容爲：「一、生員之家，父母賢智者，子當受教父母；愚魯或有爲非者，子既讀書明理，當再三懇告，使父母不陷於危亡。一、生員立志，當學爲忠臣清官。書史所載忠清事蹟，務須互相講究；凡利國愛民之事，更宜留心。一、生員居心忠厚正直，讀書方有實用，出仕必作良吏；若心術邪刻，讀書必無成就，爲官必禍患。行害人之事者，往往自殺其身，常宜思省！一、生員不可干求官長、交結勢要，希圖進身。若果心善德全，上天知之，必加以福。一、生員當愛身忍性，凡有司官衙門，不可輕入；即有切己之事，止許家人代告。不許干與他人詞訟，

順、忍讓、循規蹈矩、不得集體噪動，俾能造就埋首詩書、少年穩健之才。當時所謂「實學」，即指經史根柢之學。傳統學術中最受重視者即爲經史，「經」是聖人之言，放諸四海而皆準的不易眞理，「史」可以前人的經驗爲借鑑，應用於當代，故皆被視爲「實學」。在清代高壓與籠絡政策並行下，讀書人爲明哲保身，學術研究由經世致用轉至經史考據，雖難免玩物喪志，多少尚有整理國故之功，比之只課制藝八股時文爲愈。學官本身即受這種注重德行、制藝或經史教育之人，又囿於缺乏生氣的教學環境下，只得沿襲成規，再以此教育下一代。從這種教育方式與內容培養出來的人才，愈至清末，愈難有突破。

　　方志上顯示有所作爲學官的教學方法是因人而異的，不外嚴格教導、循循善誘、盡心啓迪、獎善規過，或是自撰文章訓士〔註53〕。學官主要由於能認眞教學，培養人才，自然受士子尊敬與長官器重。一般而言，無論學官的教學態度是嚴厲或溫和，只要本身學行兼優，勤於課士，自然會招徠許多弟子，甚至鄉邑士人亦負笈來學，少則數十，多則上千，其聲譽亦愈隆，當他們離任時，當地士紳皆會表示不捨，去世後爲之加上私諡，或將其事蹟載於方志人物傳與儒行傳，或祀於名宦祠，刻石立碑，以紀其功業，懷其德行，可謂哀榮〔註54〕。

他人亦不許牽連生員作證。一、爲學當尊敬先生，若講說皆須誠心聽受；如有未明，從容再問，毋妄行辯難。爲師亦當盡心教訓，勿致怠惰。一、軍民一切利病，不許生員上書陳言；如有一言建白，以違制論，黜革治罪。一、生員不許糾黨多人，立盟結社；把持官府，武斷鄉曲。所作文字，不許妄行刊刻；違者聽提調官治罪。」〈御製訓飭士子文〉是康熙四十一年（1702）頒於各省學宮，與雍正二年（1724）頒發之〈聖諭廣訓〉、三年頒發之〈御製朋黨論〉等政令，朔望宣講。

〔註53〕例如：乾隆四十三年（1778）進士黃利通以母老改教職，歷官延平、汀州教授，教士重敦行誼，勵名節，作〈續師說〉訓諸生，大意謂韓昌黎傳道授業解惑不足蔽師義，如楊子云師者人之模範，其庶幾焉（《重纂邵武府志》，卷二十一，頁28）。又，乾隆戊子舉人朱鏵官永春州學正，訓迪不倦，首以孝弟力行相砥礪（《重纂邵武府志》，卷二十一，頁29）。

〔註54〕例如：乾隆二十四年（1759）歲貢楊春錦，晚官清泉訓導，對學中尤點者繩以法，士習一變。以老乞休，邑人謀奉栗主祀於文昌閣，年八十四卒，門人爲發喪制服，私諡曰愨簡（《寶慶府志》，卷一三三，頁14）。崔子思於同治九年中舉，光緒六年（1880）大挑二等授教職，歷署山東榮城、城武、日照、濮州等地學官，最後補范縣訓導十餘年，范屬曹郡，風尚勇悍，他諄諄告誡，力挽頹風，文教大興，爲人謙和，光緒二十八年卒於范縣學署，「范縣諸生相與立石講堂，以記先生教思。……卒後門人私諡曰文恪。」（《壽光縣志》，卷

學官的教學成效可由兩方面來說明。首先就所造就的人材而論,生員以在德行、學業或舉業方面有表現者較多﹝註55﹞,而有積極的作爲者較少。例如在崇古的風尙下,只知守經,不善權變,無論是在朝爲官或在野爲紳,當猝遇變局,因受傳統觀念束縛,大多是堅強的守舊派人士,清季現代化的進展速度有限,即與廣大的基層士子適應力不足有關。再就改善士習與文風方面而論,科舉制度下的士習文風,常趨向投機取巧,學官若勤加啓迪與訓誨,力事矯正,往往可以改正士習,丕變文風。此種成效在邊遠地區,尤其顯著。我國文化重心,自宋以來已有南移之勢,江浙皖贛等省文風興盛,但如川湘黔桂等省山區、廣東的雷州、瓊州等府、北方奉天等偏僻地區,文風向來不盛,被銓選到這些地區的學官,自願久任其地者,每因認眞教學,亦能促進文風﹝註56﹞,間接提高邊陲地區文化水準,增加當地人民對政府之向心力,當然是有功於國家,有利於地方之事。

三、獎優懲劣

生員與學官的關係遠比與學政爲密切,因爲法令規定學官對於生員除了月課季考外,還須考察生員的平日表現,以行獎懲。

學政按臨一省學校,只有在各府分別舉行歲考與科考時,才有機會與生員接觸,而生員中有丁憂、告病、遊學或年屆七十、入學已歷三十年等緣故者,即可不參加歲考。故學政每至一地觀風校士時,學官須造「格眼冊」(內載各生員之三代、入學、補廩年月及停降、起復、丁憂、改名、給假、患病

十二,頁31)光緒三十一年(1905)任職范縣教諭的牛文縈認眞講學,熱心捐助貧生,以微疾歿於官,去世後鄉諡敏憲,進士李書鳳撰〈教諭牛文縈先生德教碑〉,稱「不忍沒先生之芳型,爰立石以誌。」(《范縣志》,卷六,頁65)雍正四年貢生,任河南南召訓導的邢無衍,「邑境幅員甚廣,五社距城在數十里外,隆冬溽暑必親履其地而講學焉。貧士不能自給者,時周卹之。及卒,闔學勒石頌德,以誌不忘。」(《汜水縣志》,卷八,頁10)

﹝註55﹞ 有些地方的生員,許久未有中舉者,當學官勤於月課,講求教法,即可改觀。以乾隆五十一年(1786)舉人,選江西新喻訓導的漆瑞美爲例,「新喻二十餘年無登賢書者,瑞美曰:學官之過也。爲刊定條規,每月三課,講求文藝,辛巳以後獲雋者不一其人。」(《瑞州府志》,卷十三,頁39)

﹝註56﹞ 例如:東安教諭梁心澄在任十九年,使數十年無一舉人之東安,連科騰達(《南海縣志》,卷十五,頁16)。奉天府開原訓導王丹書任教邊陲,開原一地在八十年裡無中鄉會試者,丹書力事振興,二十年後,中試者十數人,文風丕變(《添縣志》,第六編,卷一,頁35)。《姚州志》編者稱:「姚州僻在荒蠻,所以得識中夏禮儀之教者,恃有學校耳。」(《姚州志》,卷二,頁17)

等項資料）與「便覽冊」（內列在學生員若干名、各生員前案考試等第、五科
鄉試及前案已出各題等項資料），科考時則造應試生員名冊，以供學政參考
〔註57〕。

　　至於五貢的選拔，學政雖有決定權，亦多根據學官平日考覈，故學政負
一省衡文取士之責，而一地的文風高下和士習端正與否，常操之於學官手中。
學官能公平地舉報優劣，自能端正士習。因此，學官考覈生員的態度，直接
關係生員素質良窳，間接關係國家教育成敗，自然是責任綦重。

　　有自覺的學官常自動地多方獎助優秀生員，或設置膏火，或不收贄金，
愛諸生如子弟，識拔許多著名的棟樑之才〔註58〕，有益於國家與社會。但對
素行惡劣的生員，即須向學政申報，予以黜革。生員犯錯，地方官如擬懲
處，通常是先移至府州縣學，由學官在明倫堂戒飭，或詳請學政黜革之。在
先經學校傳審，然後詳縣的過程中，不免有陋規，如遇愛護諸生的學官即會
設法解決〔註59〕。學政或地方官若是懷挾私怨或被蒙蔽，濫用職權而黜革生
員，有些學官就會爲被黜者請求開復或申訴〔註60〕，縱使與其上司不合，亦

〔註57〕商衍鎏，《清代科舉考試述錄》，頁18。
〔註58〕例如：劉理任天津府教授，「紀昀其高弟子也，文達爲一代文宗，而其學問之
　　　基礎得力於先生者居多。」（《交河縣志》，卷七，頁55）、陳景程任沔陽州學
　　　正，「陸建瀛爲諸生，景程一見推爲偉器，極意栽培，俾得騰達。」（《黃州府
　　　志》，卷二十一，頁48）、章仁浦任湘鄉教諭時，曾國藩從受業，仁浦一見奇
　　　之，退謂人曰：「此生幹局沈宏，他日必爲國家柱石。」（《湖南通志》，卷一
　　　九三，頁9）。其他受學官獎掖之名人甚多，不勝枚舉。
〔註59〕例如：山東嘉祥教諭張克勵在任上遇此案件，稱學校是「此清齋也，何得理
　　　刑名事」，除此陋規（《甯化縣志》，卷七，頁25）。葛順昌任河南光山教諭時，
　　　「光邑士風好訟，凡紳衿爭執，悉訟於學。舊例傳問時，先納陋規錢四千，
　　　豫侯（順昌字）至，罷除之。」（《許昌縣志》，卷十二，頁23）
〔註60〕例如：康熙四十一年（1702）舉人，任河南儀封教諭之杜棠，因材施教，春
　　　風化雨，「適有丈八村生員王斌誤被窩娼坐罪，即力爲申愬，事乃終寢。」
　　　（《儀封縣志》，卷八師儒，頁13）康熙年間建昌府學訓導周尚中，廣昌諸生
　　　以修學毀民居被訐，議褫者五人。尚中力言於上官，得雪。其後三人與賢
　　　科，一人爲翰林（《吉安府志》，卷三十，頁9）。康熙時龍泉教諭盧夔龍，值
　　　寇亂，諸生爲有賊羈脫歸者，夔龍察其無他，爲力白於學使，昭雪之（《吉安
　　　府志》，卷十五，頁33）。乾隆丁酉舉人高迪授連城教諭，到官爲革生李朝欽
　　　兄弟及他枉褫者辯復，士林德之（《重纂邵武府志》，卷二十，頁41，高迪
　　　傳）。乾隆五十一年（1786）舉人童馼任羅源、政和教諭，所至有聲，及任寧
　　　德，屢爲諸生申理冤抑，邑建生祠於學宮奎星樓側，又製錦幛以歌咏之（《重
　　　纂邵武府志》，卷二十，頁52，童馼傳）。濟源訓導靳逢養課士盡職，勤敏不
　　　息，「適有五生陷罪，情有可原，力爲解救。邑士感其德，公舉入名宦祠。」

在所不惜〔註61〕；若有學政堅持學官必報劣生，學官也以無實據而不肯配合〔註62〕，清季教案頻仍，生員不免被捲入，學官肯親自出面，與教士折衝，爲生員雪冤〔註63〕，皆充分顯示學官愛護生員之情。從方志中也可見到學官難以接受較有個性或主張懲罰這類生員的意見〔註64〕，當然亦有不肖學官，利用爲生員開復、舉優或報劣等機會，從中勒索，以飽私囊，甚至有與士子朋比爲奸者。此類學官往往會縱容劣生，即使在以嚴苛著稱的清世宗之時，尚有學官敢於不舉報劣生，使得「黜劣」之法不彰，效用大減〔註65〕。總而言之，徒法不足以自行，獎優懲劣之效果，實決定於學官之盡職與否。

（《中牟縣志》，鄉賢，頁67）嘉慶二十四年（1819）舉人胡學椿任廣昌訓導，典史以煙禁起大獄，株連生徒多人，胡「爲稟上台，力辨其誣，獄乃解。」（《瑞州府志》，卷十三，頁39）總之，學官較地方官或學政更了解諸生，只要肯據理力爭，往往還其清白，使這些身負訟案的生員有機會更上層樓，效力社會。

〔註61〕例如：從化訓導林詒燕力護某生員以非罪爲縣令所持，（《吳川縣志》，卷七，頁75）、江浦教諭周爔爲李姓生員力辨，得免被當事詳革（《續纂江寧府志》，卷十四之一，頁35）。婺源教諭王之垣迎救以公事忤縣令，幾下獄的生員，他詣上台爲生員請命，但被縣令所搆罷歸（《蘇州府志》，卷九十六，頁8）。河南一李姓訓導任職河陽，「白邑庠黨揚玨之冤，不避嫌怨。」他對「政之不便商民者，輒於當事前力陳其弊，從則流連款曲，否則聲色漸屬，甚至拂袖去矣，以故令長佐貳無不貌敬而心嘲之」，可謂欲速則不達，屬極端之例（《郯縣志》，卷十一，頁153，邑人郭僩撰，〈司訓李公傳〉）。由於古人強調隱惡揚善，因此這類比較負面的事例在方志的學官傳中僅能偶爾見到，不似獎掖提拔後進等積極正面的記載，較爲多見。

〔註62〕乾隆年間，蒲台教諭任相不理學政要求學官必報劣生之檄，學政怒，相曰：「劣必有實，無實而報是誣也。以誣逢上，何以教爲？」學政謝之（《續修歷城縣志》，卷三十九，頁9）。

〔註63〕例如：光緒二十一年（1895）任滑縣訓導之謝泰階，「庚子教案株連，有誤控邑庠馮生者，先生親詣天主堂，與教主力辨，冤竟得雪。」他在戊申年（1908）升教諭，辛亥（1911）鼎革乞休，年八十四卒於家，滑人爲豎碑於明倫堂，以作紀念（《重修滑縣志》，職官，頁33）。

〔註64〕例如：一農家子弟余明諴入庠，屢試皆第一，常因考拔對策言學校人物事頗切直，教官怒，將夏楚之，賴同學力勸，乃解（《重纂邵武府志》，卷二十一，頁27）。

〔註65〕《大清十朝聖訓·雍正朝》，卷十，頁4上諭：「士子者，百姓所觀瞻。士習不端，民風何由得厚？是以考課士子，設立舉優黜劣之典，以爲移風易俗之道。……無如教官愚懦無能，學臣因循苟且，往往視爲具文，奉行不力。每當學臣按試之時，教官輒以無優無劣申詳，草草塞責。……每見蕩檢踰閑，犯法亂紀之士子，皆從前學臣教官之未曾開報劣行者。」

四、管理學田與書籍

　　學田為官田之一種，始設於宋，起初由政府撥給學校，其後有出於官紳士民購置或捐贈者。學田起初隸於官府，元世祖至元二十三年詔各路學田給本學以便教養，二十九年令州縣學田歲入聽其自掌，供春秋釋奠及師生俸廩之用〔註66〕。明太祖洪武十五年訂天下學田之制，分為數等：府學一千石、縣學六百石、應天府學一千六百石〔註67〕。然因各學學田面積與收租形式不同，所收租稅實際上無法整齊劃一〔註68〕。

　　到了清代，各府州縣學皆有學田，因其肥瘠與大小不同，收入有別。清廷屢次下令督撫清釐學田，規定學官離任時，租稅是交代項目之一，須於一個月內完結，如有遲逾或缺少者，即咨部查參。然而有些學田或歸官府管轄，或為土豪劣紳強占，或為不肖教官學書侵吞，亦有水災時被湮沒而經界不明、因兵燹而荒廢、因佃戶逃亡或畏累而棄田不耕者〔註69〕，即影響收入。學田關係著學校經費，每歲所收租穀與租金除完納正賦外，其餘為春秋丁祭、生員廩餼、修葺並增建黌宮文廟等費用主要來源之一，因此學官實有整飭學田之責。負責任的學官寧願得罪霸占學田的土豪劣紳，清釐收租，以贍寒畯〔註70〕。學田制度用意至善，然為數不多，每年不過數十兩，如再被層層染指，甚至在學署中打雜的齋夫、膳夫、門斗也參與剝削寒畯，則真能嘉惠寒士者，已是少之又少〔註71〕。

　　學校是教育士子之場所，為配合教育政策，清廷常頒發官方修訂之典

〔註66〕　《續文獻通考》，卷六，頁2832。

〔註67〕　《續文獻通考》，卷六，頁2834。

〔註68〕　《清朝文獻通考》，卷十二，頁4962：「凡學田專供修學及贍給貧士，其田與賦即在州縣田賦之中，惟佃耕收租以待學政檄發，間有山塘園屋，統名曰田；所收有銀有錢有糧，統名曰租。田之多寡，租之重輕，各學不齊，舊無定額」。

〔註69〕　《蒲圻縣志》，卷二，頁6，學田：「按兵燹後，各佃戶逃亡，年久淹失無存。」《皇朝政典類纂》，卷十五，頁4：「今亦征學租以入公家，學役不能賠納，勢必取盈於佃戶，佃戶畏累即棄田不耕，田不耕則不特學租無辦，而正供亦將缺額矣。」

〔註70〕　《固原州志》，卷三，頁6，記載嘉慶間固原學正唐順祖愛士好學，捐廉為膏火，並清釐久為豪猾所據之數百畝學田，以贍寒畯，士林德之。

〔註71〕　《清朝續文獻通考》，卷十七，頁7657：「國家設貧生糧以惠寒畯，養士不謂不厚矣。顧此項額糧不蝕於學政縣令，則沒於教官學書，貧生特溉其涓滴焉耳」。

籍，庋藏於各學之尊經閣中。此外，各府州縣亦可用存公銀兩購置必備書籍，交與各學學官接管收貯。書坊願意刻印者，亦得刊刻印刷，以廣誦習。雖然自唐代起即有印刷術，但直到清代，除非官紳富豪藏書之家，一般士子鮮能自備十三經、二十一史等書，而學校則有豐富的圖書資源〔註72〕，故各學的尊經閣即具有圖書館之功能。例如史致儀家無書，即詣學宮讀所頒書於尊經閣〔註73〕。

　　由所頒書籍的成書與頒發時間言，康熙、乾隆兩朝都因長達一甲子，又值國力富厚，爲表稽古右文之意，乃頒發許多御纂欽定經史、制度之書於學宮；嘉慶以後因內憂外患，無暇顧及著述，所頒書籍，多限於補發，除官書外，御纂者已很少見。就種類言，爲配合其培育未來行政官員之目的，故以經史、文教及制度之書爲主。

　　水火兵燹皆易使書籍散失，學官例須設法補置，或者申請補發，甚至捐俸購買〔註74〕。受到太平天國戰役嚴重破壞各地的學宮書籍，寥寥無幾，爲了迅速恢復，曾國藩於江寧設金陵書局，揚州設淮南書局刻書，其後杭州、蘇州、武昌、長沙、濟南、廣州等地之官書局相繼興起，刊印多種書籍。

　　地方儒學除典藏書籍外，還經營出版事業。例如流傳至今的宋元明善本書中，有些即爲學署的刊本。北宋時期地方官署刻書之風未盛，學署刻書甚少。南宋地方學署刻書者有一百餘處〔註75〕。元成宗大德年間，瑞州路、太平路等九路學所刻十七史即爲明代南監諸史版本的主要來源之一，尤爲著名。明代府州縣學署刻書著錄者不下數百種，惟多散失〔註76〕。清代學署亦

〔註72〕部頒或府州縣學購置的書有：《監本四書大全》、《十三經注疏》、《二十一史》、《御纂日講四書》、《御纂周易述義》、《御纂周易直解》、《御纂周易折中》、《御纂詩義折中》、《欽定書經傳說彙纂》、《欽定詩經傳說彙纂》、《欽定春秋傳說彙纂》、《欽定孝經衍義》、《御纂性理經義》、《御纂朱子全書》、《御纂大學衍義》、《御纂大學衍義補》、《御注孝經》、《御製律書淵源》、《唐宋文醇》、《欽定古文淵鑑》、《聖諭廣訓》、《聖諭廣訓直解》、《五子近思錄》、《欽定學政全書》、《御纂資治通鑑綱目》、《外官相見儀書》、《欽定三禮儀疏》、《御製文初集》、《御製詩集》、《御製詩韻》、《御製健行論》、《文廟樂譜》、《文廟祭典儀節》、《欽定鄉會墨選》、《欽定禮部則例》等。

〔註73〕阮元，《揅經室再續集》，卷二，頁13。

〔註74〕湖南湘鄉教諭郭廷先，「值兵火後，士苦無書。廷先購文史，身先雒誦，循誘士子。」（《長沙府志》，卷二十一，頁50）

〔註75〕根據葉德輝，《書林清話》，卷三提供資料統計所得。

〔註76〕潘承弼、顧廷龍同纂，《明代版本圖錄初編》，卷二，頁1。

有刻書，有些方志即爲學署刻本，對保存地方文獻掌故，有其貢獻。嘉慶二十年阮元任江西巡撫時，南昌府學刊刻《十三經注疏》，是學署刻書中頗著名者。學署刻書，對保存與傳播文化、傳遞知識的貢獻很大，學官在這個過程中，間接貢獻其力量。

滿清以少數民族入主中國，清初爲加強思想控制，穩定其政權，對傳播思想的媒介——書籍，嚴加審查，認定許多違礙之書爲禁書，學官有查訪並上報地方上禁書之責。

第二節　社教活動

學官除恪守本身職責外，有些還兼辦地方上社會文教活動。兼管事務愈多，範圍愈廣，接近民眾機會愈增，對地方的影響力也愈大。

一、兼掌書院

書院在初成立時，僅用以庋藏圖書，故其名稱特別強調「書」，到宋明兩代即多轉爲士人講學之所，並定期祭祀對書院有功之人。因此，講學、藏書與祭祀爲書院的三大功能。清代有鑑於明季黨爭，改書院爲官立或官紳合辦，經費由朝廷或地方政府籌撥，山長由督撫、知府或知州、知縣延聘，書院功能遂由講學演變爲考課，如同科舉的預備班。

清代書院除少數專爲舉人準備會試而設者外，大多兼收未入學的童生和在學的生員。其名額固定，每年由地方官考校錄取，每月有官課師課以定優劣，學官可任其監院或掌教，其教學內容幾爲科舉所控制，與地方學校頗爲類似。清代雖有不許地方學官兼掌書院之規定〔註 77〕，然因地方官有權聘請書院掌教，學官既多由科舉出身，受地方官器重而被聘任教書院〔註 78〕，既

〔註77〕《清宣宗實錄》，卷三十，頁 5：「各省府廳州縣分設書院，原與學校相輔而行。近日廢弛者多，整頓者少，如所稱院長並不到館，及令教職兼充。……至各屬教職，俱有本任課士之責，嗣後亦不得兼充。」

〔註78〕例如：余成教司鐸江西鉛山，「以扶翼斯文爲己任，邑宰吳林光有志栽培，慕成教名，延主鵝湖講席凡五載，誘掖獎勸，遊其門者彬彬然，極一時之選。而崇實黜華，不僅以科名相耀，至今講品學者猶稱之。」（《廣信府志》，卷六之二，頁 93）劉斯祚是乾隆五十四年（1789）舉人，大挑二等授德興訓導，認真課士，從學者眾，至鄰邑有願留受業者。「郡伯陳守超聞其名，延主蘭陽書院講席十載。」（《建昌府志》，卷八，頁 65）劉瑄於嘉慶九年任城步教諭，

有得英才而教之樂，可以振興文風，提升中舉人數〔註79〕，又有束脩贄禮之利，乾隆四十六年雲南廣南知府即議請教授掌教蓮城書院，歲給一百二十兩〔註80〕，且書院的師課每月不過一、兩次，不致妨礙學官正職，可見不許學官掌教書院之規定，未獲認真執行。方志對於認真兼長書院之學官，予以認可，並爲之立傳〔註81〕。朱駿聲於道光年間主講嵊縣剡山書院、青溪書院、松陵書院〔註82〕。閩縣進士董文駒於乾隆三十六年任台灣府學教授，即曾兼掌清代台灣規模最大的書院——海東書院〔註83〕。學官於退休後掌教書院者，也不乏其人〔註84〕。在職學官除課士本業、兼掌書院之外，還有兼長義塾，造就地方人才〔註85〕。

書院輔助學校推行教化，如年久失修，地方官固有修復之責，學官亦有引以爲己任而熱心修復者。如龍游教諭盛儔董修復英書院，於離任後尚自備食用，獨任其勞〔註86〕，足見其關心教化之意。

「立有品行，性嗜學，年七十餘矣，猶終日手一編不釋。邑人士請於令延主白雲書院，生徒從者眾。嘗刊所著養蒙集示人，幾於家有其書。」（《寶慶府志》，卷一一一，頁18）

〔註79〕 光緒己丑大挑二等選授尋甸州學正的陳侃，「旋聘主鳳梧書院講席，尋邑文風，爲之一振。兩任俸滿遷蒙化直隸廳教授。」（《宜良縣志》，卷九上，頁50）

〔註80〕 單光國，〈蓮城書院議〉：「廣郡建立蓮城書院，前人議就學宮內令諸生附近肄業，使教官兼致掌教，事法良善矣。庚子春余自楚雄調守資土，准前任議，書院山長仍令教授蔡堂之歲給修脯銀一百二十兩，係府縣與土丞土州公捐。既已踵而行之，俾教者得盡心以教，而學者亦知盡心以學，固其宜也。」（《廣南府志》，卷四文藝，頁9）

〔註81〕 例如：乾隆三年任江西吉安府學教授的黃文則，「掌鷺洲書院教，發明六經諸史之蘊，九邑有志之士，始知不專務詩文，究心實學。」（《吉安府志》，卷十三，頁28）乾隆十三年以知縣改吉安教授的符乘龍，在任十二年，「掌教鷺洲書院，重修鷺洲志。」（同上）謝錫圭於光緒二十三年任甘肅固原學正，三十三年升寧靈廳教授。在任時兼固原書院山長，課士甚勤（《固原州志》，卷三，頁7）。

〔註82〕 朱駿聲，《石隱山人自訂年譜》，載於《安徽大學月刊》，二卷七期。

〔註83〕 《臺灣通志》列傳政績，頁461。他兼任海東書院山長時，督課綦嚴，而生童膏火，皆如數按給，毋許丁胥朘削，寒士賴之。

〔註84〕 例如江蘇南匯人張文虎入曾國藩幕，主持金陵書局有功，被保舉爲候選訓導，歸里主講於江陰南菁書院。

〔註85〕 例如：康熙五十一年任河南項城訓導的張鷥，「經史淹貫，樂成人美。課士之外，兼長義塾，邑人士多所成就。」（《項城縣志》，卷三，頁13）

〔註86〕 《龍游縣志》，卷十三，頁17。

二、編纂方志

志者記也，方志者一地之史也，內容包羅各省、府、州或縣的輿地、疆域、經政、賦稅、建置、官師、文教、武備、戶口、風俗、物產、人物等方面。光宣時期修纂的方志還頗能與時俱進，記錄諸如統計、選舉、郵政、商礦、電政、鹽鼇、農林、巡警等事務，以及試驗、習藝、戒煙、養濟、監獄、公所等新式機構。無論方志內容新舊，從資料的徵集、排比到撰寫、刊刻，皆須耗費時日與金錢，實非一二人之精力所能完成。通常是由地方官領銜主其事，實際上修纂工作多由出身科第的學官與地方士紳分頭進行，共同完成。學官常被聘擔任總纂、分纂或協修、編校、採訪、謄寫、繪圖、刊刻、監印等工作〔註87〕。學官有時得到地方官的信任委託，負責主筆，即可發揮自己的理念，例如同治四年（1865）蒞任河南滑縣教諭的郭景泰，翌年即修《滑縣志》，擔任主筆，「總核名實，尤慎重祀典」〔註88〕；光緒年間河南陝州學正馬毓騄參與修志工作，總管搜羅補充校正等事，歷時數年，終告完成，他設立「文治」一門，對於廟祀禮樂學校，特加詳焉〔註89〕。他們特別留意學校祀典等項，自然與本身所任文教職務有關。

陽湖人陸繼輅任合肥訓導，在職期間，主持修纂《安徽通志》，甚得時譽，此外，他還纂修《續修郊城縣志》十卷。海門人周家祿（1846～1910）為同治九年優貢，任江浦、鎮洋、荊溪、奉賢等縣訓導，先後入吳長慶、張之洞幕，編纂《海門廳圖志》，撰《奧秺朝鮮三種》〔註90〕。

有些方志不限於省府縣志，江蘇太倉人邵廷烈任邳州訓導、揚州訓導，道光十三年著《婁東雜錄》、二十一年撰《穿山小識》，都被收入《江南地方志目錄》。嘉應人吳蘭脩任信宜訓導，留意搜集鄉土文獻，著《南漢紀》五卷、《端溪硯史》三卷等。方志既出於士紳之手，選材方面不免著重士紳階層的觀點與利益，且多隱惡揚善。以人物傳而言，通常分為宦蹟、鄉賢、忠

〔註87〕打開清代甚至民國初年所修省府州縣方志，即可見編纂者銜名，有每人擔任的工作、出身和職稱等資料，學官躋身其中。地方長官聘請學官修邑乘之事，常見於學官傳中，例如：道光二年（1822）以進士任贛州府教授之周步驤，在任十六年，始終不倦，學使咸重之，「贛令王維屏聘纂修邑乘」（《贛州府志》，卷四十二，頁45）。
〔註88〕《滑縣志》，職官，頁33。
〔註89〕《陝縣志》，卷五，頁18。
〔註90〕周家祿，《壽愷堂集》，〈海門周府君墓志銘〉。

烈、孝行、節義、儒林、文苑等類，目的即在表揚符合傳統道德的典型人物，以供後人效法，故其選擇標準與範圍實具社會教育之功能。學官參與其事，亦負社會教化之責，並留下文化業績。

學官除主持或協助編輯方志外，因其在社會上居少數的知識分子，故在編纂族譜的工作方面，常擔任重要角色〔註91〕。

三、旌表節孝

傳統社會特別注意忠孝節義，明清兩代，貞節觀念比宋代更嚴。女子縱使遇人不淑，也不得隨意離異，寡婦再醮，必為人所不齒。夫死，如有長輩與兒女，即須孝敬翁姑，撫育子女。而地方上有卹嫠堂以照顧無力謀生者，政府亦命令各級地方官、學政與學官勤加搜訪這些女性，明令旌表，為之建坊、請求入祀節孝祠、發給獎章等，以為鼓勵。學官最常用的旌表方式是以「追蹤孟母」、「志潔操清」、「竹節松貞」、「節堅金石」、「栢舟矢志」等匾額，表揚恪守貞節的婦女〔註92〕。

「孝」是儒家最重視的德行之一，一旦成為社會普遍價值與規範後，即可使家族寧謐，社會安定，且可由對父母盡孝進一步發展到為國君盡忠，正符合當權者之要求，故歷代政府皆大力提倡孝道。

學官是負有倡導節孝之責的基層工作人員，當到任後，每採訪地方上有節婦孝子之家，調查其節孝行徑屬實，合於旌表之例者，即申報學政、督撫，由督撫奏請朝廷立功或准入節孝祠，或在編纂方志時列入節孝傳中，以為表揚。然而此項榮譽得來不易，因為婦女即使守節盡孝，如學官不為題請，亦是枉然。有些不肖學官以此為利藪，如不敷其需索，則不為申請旌表；有些盡職的學官時時以教化士民為己任，喜自動採訪，使寒門之節婦孝子不致於湮沒無聞〔註93〕。學官肯熱心旌表節孝，對社會風氣即有影響力，例如崇明訓導張榮，「常訪問民間義行節烈，得二百餘人，請於台使旌其門，海上民

〔註91〕 例如：道光二年起擔任河南陝縣教諭的張道凝，雖是儀封張氏，因編陝縣余興鎮張氏族譜，發現與陝縣張氏之族若合符節，他們在編纂張氏族譜中都有貢獻，見張元昇撰，〈余興鎮張氏族譜序〉，《陝縣志》，卷五，頁11。

〔註92〕 題詞見《夏津縣志》，卷八，節孝，頁39。

〔註93〕 山東鄒平訓導丁長伸，縣令李復齋知道他有幹才，延請共任重修大成殿及諸祠之事，「凡孝子節婦宜旌表者，皆聽其保舉。一時窮巷嫠婦得不沒其苦節。」（《霑化縣志》，卷九，頁15）真是功德無量，升濰縣教諭，以疾卒於任，鄒人士思其德行，纂入濟南府志。

風士氣，爲之一變。」〔註94〕

學官除了旌表婦女節孝之外，也留意表彰忠義氣節之士的工作，例如南屏訓導謝謀介於咸同年間邑遭寇變之時，殉難者多，他會同生員徐培本悉心採訪，計得一千餘名，呈縣詳院，上奏獲得獎卹〔註95〕。

四、移風易俗

傳統社會大致上是敦厚樸實，然而亦有陋習。例如爲小利而與人爭訟不休、家族間的械鬥、貧窮人家的溺嬰，特別是溺女嬰、終日閒居者的吸煙、聚賭等，有害名聲，往往鬧得傾家蕩產，甚至危及生命。學官職司教化，即有轉移社會風氣之責。

對於吸煙、賭博積習已深者，實難要求驟戒。即使革去禁藥煙不力的學官，仍無補於消弭吸食鴉片煙的風氣，故學官在改良上述諸項陋習方面，以戒溺女嬰與調解糾紛二項收效最大。學官息訟解紛的方法是爲雙方講解，使之感悟〔註96〕；或者成立「敦俗會」，著「息訟歌」〔註97〕；或者刊發「戒溺女文」以懲陋習，立接嬰所、育嬰堂或給予哺乳之資以救溺女〔註98〕；對於

〔註94〕《松江府志》，卷五十九，頁30，張榮傳。
〔註95〕《重纂邵武府志》，卷二十三，頁107，他還倡建昭忠祠，置田租三百二十餘斛，以備歲修祭祀之需。
〔註96〕例如：三河訓導馮鑄，「好爲人排難解紛，人多感化，五十餘年，一鄉無搆訟者。」（《贊皇縣志》，卷十八，頁5）另一學官任邦彥身教重於言教，「有負氣相爭者，聞其至即慚愧自釋。」（《贊皇縣志》，卷十八，頁6）陽春教諭羅學洙教誨開導忤逆之子，結果「父子感悟去」（《東莞縣志》，卷六十九，頁2）。《澄海縣志》，卷十九，頁28記載曲江訓導勸導互訟之兄弟，結果也是「使訟者感悟」。清代閩粵社會械鬥特別著名，譚璐爲澄海教諭時，「潮俗多械鬥，遣心腹說之投誠。」（《南海縣志》，卷十五，頁17）張迴瑞任龍門教諭時，「王廖兩姓械鬥，勢將發矣，調解之，事遂靖。」（《開平縣志》，卷三十四，頁15）乾隆年間山東黃縣教諭蔣琯調解焦山兩家之訟，「黃縣民焦甲以妻山氏貌陋出之，兩家搆訟久不決，遂籲學使以屬琯，琯集兩家於明倫堂，喻以大義，皆感泣，即以官輿送山氏歸爲夫婦如初。」（《東平府志》，卷十一上，頁38）此類事件，不勝枚舉。
〔註97〕石建典任湖北鶴峰州訓導，此地習俗健訟，建典懲其尤，習風頓戢（《興國州志》，卷二十，頁51）。湖南一訓導謝鴻恩著息訟歌以勸世（《湖南通志》，卷一九九，頁18）。
〔註98〕廣東石城教諭陳子杏，「作溺女文刊示，其風遂息。」（《肇慶府志》，卷十九，頁18）謝名鵬爲永安教諭，「永俗多溺女，諄諄開導，其風遂息。」（《廣州府志》，卷一三○，頁28）福建永春訓導黃維周，「時俗多溺女，維周設育嬰堂以撫養之，或給以乳哺之資，全活甚眾。」（《永春縣志》，卷十

逾時未婚嫁或喪葬者，親自督勸〔註 99〕。傳統時代民風較為純樸，學官一方面撰寫改正陋習的文章或動動口舌，另一方面也盡力協助解決百姓的困難，快速收到成效，讓這些百姓為學官諄諄告誡之德行教化所感動而自願自發地改正。貧賤夫妻百事哀，窮困不免影響家庭和諧，學官也有藉資助周濟，而加以挽救的事例〔註 100〕。

　　清代各地於每月朔望舉行「鄉約」，每歲正月十五、十月初一在各府州縣學的明倫堂舉行「鄉飲酒禮」，目的都在敦厚民俗，除導之以德，齊之以禮外，還曉之以法，使人民不去干犯禁紀。生員赴鄉宣講鄉約，順便核對保甲戶口，學官有巡行宣導之責，常須親赴各鄉宣讀講解〈聖諭廣訓〉以及欽定律條〔註 101〕。「鄉飲酒禮」是由學官選擇一鄉內年高望重者為賓，其餘諸人分別為介與眾賓，由各府州縣長官為主，學官充司正，主揚觶以罰失儀者；生員充司爵、贊禮、飲酒、讀律等工作。鄉飲酒禮的主要意義包含在學官的致詞中：

> 凡我長幼，各相勸勉。為臣盡忠，為子盡孝。長幼有序，兄友弟
> 恭。內睦宗族，外和鄉黨。無或廢墜，以忝所生。〔註 102〕

由學官在致力改善社會風氣與敦厚民俗方面之任務，其稱職與否，對社會教化具有重大影響力。

三，頁 11）

〔註 99〕 湖南江華教諭張乾珀「諭民以時婚嫁，俗為之變。」（《湖南通志》，卷一七七，頁 14）江蘇高郵訓導毛之鵬「以州俗過時不葬，乃躬自督勸，不給者助之，不數月葬者三百七十餘。」

〔註 100〕 山東省長清縣訓導倪輯，聞少年王某鬻其妻，立拘責之，周以金粟，遂得完聚（《牟平縣志》，卷七，頁 19）。

〔註 101〕 詳見《欽定禮部則例》，卷四十九，頁 5。「定例每於朔望敬謹宣講聖諭廣訓，並分派教官親赴四鄉宣讀，俾城鄉士民共知遵守。」（《道光朝聖訓》，卷十五，頁 2）「責成教官慎選樸實生員每月赴鄉宣講，藉可驗對保甲戶口。」（《咸豐朝聖訓》，卷十四，頁 1）學官善解說者常能吸引許多聽眾，通俗有趣，就很叫座，例如湖北大冶訓導張安慶「每月朔望日宣講聖諭，雜以歌謠俗說，婦孺皆樂觀聽，講期值風雨必補行。」（《大冶縣志後編》，卷一，頁 11）又如光緒二十一年（1895）授河南滑縣訓導的謝泰階，「訓迪士子，遍及滑境。宣講聖諭，感激婦孺。以故轍迹所到，莫不輟業觀聽，樂與款洽。」可見其甚受歡迎（《重修滑縣志》，職官，頁 33）。當然也有對宣講聖諭敷衍了事的學官，丁日昌在江蘇巡撫任上有許多督責建立鄉約事宜的公牘，學官盡力者有獎賞，敷衍者有懲罰（丁日昌，《撫吳公牘》，卷九）。

〔註 102〕 《欽定禮部則例》，卷四十九，頁 2。

五、賑災濟貧

民為邦本，本固邦寧。農民是我國傳統社會廣大基層的主幹，在四民的階層裡地位僅次於士，高於工商。秦漢以來即力行重農政策，廣設倉儲，輕徭薄賦。然因科學不發達，農業技術只靠經驗的傳承，進展緩慢；控制自然的能力薄弱，生產量受制於氣候與環境，因此一遇天災人禍，農民每因饑饉而流亡，甚至鋌而走險，破壞社會秩序。因此政府每遇災荒或戰亂，為安定社會，治標的措施就是賑濟災黎。然而常因施行不完善而流弊叢生，例如主持者不公正廉潔，施救不普遍等，效果為之大減。學官雖只負文教之責，有時也接受地方官委託襄辦賑務，監督管理〔註103〕，甚至自行煮粥以食餓者，製衣以甦凍者〔註104〕，賑濟災民，還有些學官在災荒嚴重時，即使地方官不肯作為，他們另謀其他方法，請求富紳幫忙或者越級呈報，從事賑災活動〔註105〕。或者透過與行政首長的師生關係，為民請命，減輕老百姓的賦稅負擔〔註106〕。這種見義勇為，人饑己饑的精神，不僅是發揮同胞愛、協助地方官，而且對安定社會秩序，大有助益。

學官薪俸雖薄，卻不乏濟助貧窮之心者，有些是以幫助族人、生員或鄰居的方式，有些是表現在救助孤寡殘疾而無謀生能力者上。這種及時的援助，縱然微薄，在受者已是感激不盡。士民每於富有愛心的學官離任時，夾道泣送，或贈詩聯，或贈匾額，甚至贈賻助理喪事，凡有德澤於地方者，紳民在其死後即為之申請入祀鄉賢祠或名宦祠。在方志的宦績傳、鄉賢傳等列傳中，學官所占的比例雖不及地方官多，仍是列入一些有表現的學官，表彰其功德

〔註103〕例如：歷署山東樂安、滋陽訓導，並兼任過鄆縣教諭的孫建策，同治以還，迭奉差委，辦理地方要政，監放東西關粥廠，辦理平糶局，分赴災區散放官賑與義賑，均實心任事，勞怨不辭（《續修歷城縣志》，卷四十，頁34）。

〔註104〕例如：康熙五十年（1711）福建光澤縣大饑，長汀訓導何以鍠除設粥製衣，賑濟災民外，並仿朱子社倉法，於邑之二都每歲積穀百石，擇鄉耆董之，貯以備荒（《重纂邵武府志》，卷二十三，頁70）。

〔註105〕例如：乾隆二十四年（1759）連城大饑，米斗千五百錢，而鄰邑亦饑過糴，民情洶洶，教諭高迪憫之，說令發倉不肯，則謀諸富紳，以白金萬兩質千石穀，令喜從之，數日又匱，迪請於郡，孫文靖公守汀州聞之，賢迪而少令檄，令開倉，民乃獲蘇，建祠報焉（《重纂邵武府志》，卷二十，頁41）。

〔註106〕例如：咸同年間捻亂擾豫，先後任職河南息縣教諭、南陽府教授的李濟川，苦許昌賦役繁苛，利用其師張之萬巡撫駐節許州時，特地謁見，請張之萬洞察其弊，牌示豁免小糧及一切雜派等稅，許人德之，直到民初仍感念之（《許昌縣志》，卷十二，頁23）。

事跡，讓人感念。

學官透過社會救濟工作，接觸群眾，既代表政府關懷民生的善意，也建立了自己的德望，永載史冊。

六、防城團練

學官職司文教，本無守土之責。但是當匪徒攻城略地時，學官或者奉府州縣官之命，招集鄉紳共同防禦；或者自行組織鄉勇團練，加強守衛。清初即有學官協助守城有功之例﹝註107﹞，尤其以在咸同時期抵抗太平天國興起的諸次戰役中，學官為維護傳統文化與名教，紛紛加入保衛鄉土的行列。其參與防衛者，成敗參半。有的不幸殉難﹝註108﹞，有的因功而升官或得授學官。例如羅澤南於咸豐元年（1851）在湖湘倡辦團練，三年以勞敘訓導，又奉曾國藩之命，平定桂東土匪，擢升知縣﹝註109﹞；曾國葆為兄報仇，攻克太湖，得敘訓導﹝註110﹞。山東在咸同年間，歷經太平軍與捻亂，學官辦理團練，賑濟安撫黎民者甚多。膠州學正劉溥，咸豐十一年八月捻軍圍城時，周牧先逃匿，城幾不保，幸虧他受命於危急之際，暫權州篆，與紳民合力防守，解圍後因功保升候選知縣﹝註111﹞；平陰訓導吳夢齡奉檄辦團，出家財佐軍，躬率團軍巡視城防，還獨力建營房，以棲丁勇﹝註112﹞；青城教諭李慶翔也同官紳

﹝註107﹞ 例如：順治四年山東邱縣訓導辛良器，「值土寇之變，公分守北城，督游兵往來救援，躬冒矢石，賊鋒為挫，自是日夜居城頭，與諸生樽酒和歌，定策防禦，孤城保全，公與有力焉。」他任職四年後升濟南府教授，又升知縣知州（《邱縣志》，卷五，頁39）。康熙年間任河南魯山訓導的宋之元，「庚午有山寇竊發，登城守陣，為諸生倡。或曰：『先生師也，無守土責，曷避諸？』毅然曰：『我既食君祿，敢言去耶？』畫策備禦，率殲群盜，士民至今德之。」（《汜水縣志》，卷八，頁10）

﹝註108﹞ 見表3-17，《固原州志》，卷五，頁52，岳鎮東傳，任固原學正，同治元年遇回變，先後上書兵備道及提督，其建議未獲實行，翌年元旦城陷，他朝服坐明倫堂，自刎而死，其妻與幼子幼孫同殉，朝廷賜卹如例，祀昭忠祠。咸豐十年，江西安遠教諭邵廷選在城將被攻陷之際，縋城請援，旋督勇勦賊，死於難（《贛州府志》，卷四十三，頁53）。

﹝註109﹞ 《清史》，卷四○八，頁4370。

﹝註110﹞ 李元度，《天岳山館文鈔》，卷七，頁2。

﹝註111﹞ 《續修曲阜縣志》，卷五〈人物志・鄉賢〉，頁36。同前書，卷五〈人物志・寓賢〉，頁55，萊蕪訓導陳善也在捻軍侵城時，與縣令共同守城，得以不失，並籌款守禦附近城郭，城賴以全。

﹝註112﹞ 《續修歷城縣志》，卷四十，頁12。此外，吳夢齡還協同州牧撫輯流亡，參與許多救災工作，修石圩，建書院，立育嬰堂清節堂等，絲毫不染公家之帑。

創辦民團守城，捻軍知有備而去〔註113〕；歷署利津、寧陽訓導的劉正己，擔任集義團教練，出父兄所藏之豆和鹽，煮爲食以濟難民，功在里閭〔註114〕。其他因組織團練、籌辦糧餉、協助攻守等事功脫穎而出之學官也不乏人，例如湘軍名將劉蓉、江忠淑、唐訓方等，雖居襄辦地位，然其動機實與組織團練或勇營以衛地方者不分軒輊，其能以文士統兵之基礎，亦在於其具有知識素養、有意志血性、能身體力行等因素〔註115〕，故對維護清朝政權與安定地方，皆有所貢獻。

第三節　人際關係

地方學官之職務與地方長官、學政、同僚、紳民和生員等，皆有關係。因爲地方政府行政人員編制有定額，事務繁多，知府、知州、知縣等官員往往因需人分勞，遂無法完全顧及政府不許學官干預地方公事之規定，常委託學官以代署縣府州事、襄辦政務、協助防城、組織團練、修地方志、清理民田〔註116〕、剷除豪強〔註117〕、調解紛爭〔註118〕等工作，學官得以施展抱負，大多樂於接受，地方官如有疑難，也願與學官商議〔註119〕；另一方面，學官倡修學宮書院、增置祭器樂器、整飭學田等職務，也須得到地方官支持，才能順利進行。清代地方政府組織未達高度專業化，各級官員之權責界限往往並不十分清楚。以文教工作言，應是學政與學官之專責，學官有機會被學政

〔註113〕《續修歷城縣志》，卷四十，頁 17。

〔註114〕《續修歷城縣志》，卷四十，頁 24。

〔註115〕王爾敏，〈清代勇營制度〉，《中央研究院近代史研究所集刊》，第四期下冊，頁 43～44。以唐訓方爲例，由大挑教職奉檄從軍，咸豐五年率訓字營與湘軍援鄂，克復武漢，爲軍務一大轉機。

〔註116〕康熙年間湖南邵陽訓導吳宏初，知縣委辦清丈民田，懇辭不獲，即認眞清理，「躬履隴畝間，竭力厘之，事既竣，人咸服其公明。」（《寶慶府志》，卷一〇九，頁 24）

〔註117〕例如：光緒年間尋甸州學正陳侃，「劣紳某侵蝕公款，侃協同州牧清算，責令賠償，州人大悅。以萬民傘贈之，拒弗受。」（《宜良縣志》，卷九上，頁 10）

〔註118〕例如：乾隆四十一年（1776）舉人薛廷表，補豐城教諭，「豐城漕稱難徵，嘉慶元年鄉民不逞，幾釀大案。當事潛遣人詣學訓導某先赴諭之不止，聞薛至，皆斂手讓道，曉以理法乃散。」（《建昌府志》，卷八，頁 45）

〔註119〕例如：康熙年間黃述灝任江西永新教諭，課士有方，才識練達，「當事有疑難輒就商，指陳切中機要。」拒絕請託，縣人祀之（《吉安府志》，卷十四，頁 33）。

聘用同考官之事〔註120〕，然而督撫、府州縣官亦負文教之責〔註121〕，不僅可以過問，還會督導或主持。例如：新生補諸生的送學、生員參加鄉試與舉人參加會試前的賓興，都是由地方官設宴作東，學官率領諸生赴會〔註122〕。又，鄉紳雖是在野之士，也有熱心文教與民政者。因此，地方官如得學官與鄉紳之助，合作無間，自可收相輔相成之效，共同促進地方教化，維持社會秩序。

　　封疆大吏常器重並提拔頗具才智之學官，尤其是在咸同之際，亟需多方面的人才，曾國藩、李鴻章等人皆曾以疆臣之尊，憑慧眼羅致優秀學官任事〔註123〕。

　　由於清代各府州縣學通常是兩名學官，一正一副，二人同在一學，工作性質相近，猶如督撫同城，難免齟齬。兩名學官的相處情形，值得吾人注意。一般而言，方志裡的學官傳很少提供這方面的訊息，也許表示問題不多，遠不及督撫同城常見的困擾。兩名學官儘管一正一副，但是除教授因是七品，年俸較八品的學正、教諭和訓導稍高，大致上同工同酬，即使是副學的訓導，只要肯任事，一樣有施展的空間，二人理應同心協力做好本分工作，除了因收取生員「贄金」（詳見第六章）較易有利益衝突外，學校環境總是相當單純，方志偶爾提及二人相處，多是相互敬重或扶持〔註124〕；若一人

〔註120〕例如：康熙二十年（1681）舉人，任江西贛縣教諭的吳應驥，「聘充廣東同考，所舉稱得人。」（《撫州府志》，雍正七年刊刻，卷二十二，頁90）康熙年間舉人，署大庾教諭唐瑋，「縣鮮科名，瑋至獎勵造就，登賢書者相望。聘校閩闈，所得皆知名士。」（《吉安府志》，卷三十，頁8）湖北孝感舉人，任湖南善化教諭十二年的嚴珽，「丙午，聘校黔闈，稱得人。」（《永州府志》，卷二十一，頁41）

〔註121〕例如：雲南永昌府知府董國華於道光十一年三月杪抵治所，敬謁學宮，見其朽壞，認爲「不即整理，將圮壞不可治，重建費益不貲，且無以重祀典而光學校，守土者之責也，慨然有修復之志。」（董國華，〈永昌府學記〉，《永昌府志》，卷六十五，頁20）

〔註122〕有些方志記載賓興、送學詳情，參見《重修正陽縣志》，卷三，頁18。

〔註123〕例如：朱大澂任江蘇上元教諭，「大難初夷，曾文正總督兩江，深相倚重，檄委善後諸務，輯流亡，闢田畝，表忠節，復市廛，井井有條理。」（《光宣宜荊續志》，卷九上，頁31）曾國藩督兩江時，延沈榮入賓席，保以教職注選，沈葆楨、左宗棠咸禮敬之，任採訪忠義局、金陵書局事數十年（《江都縣續志》，卷二十四上，頁5）。又如，崔倜任青縣教諭八年，因積勞卒於任所，李鴻章督直隸，「特諭本籍文武官員迎柩進城治喪，爲儒官未有之榮典。」（《霸縣新志》，卷五上，頁46）

〔註124〕雍正三年任江西永新訓導的徐可是，「時教諭涂圖學富才敏，可是深重之。圖

強勢，另一人稍微退讓，也就相安無事〔註125〕；要遇到兩人都性情乖張不好相處的機率似乎極小。

茲據所見有記載學官在文教與社會方面活動情形的資料統計，除例行公事外，學官的活動仍以文教方面爲主，在兩千多筆中幾占七成，其中以修復學署一項爲最多，這是因爲學宮內的教諭署、訓導署常因年久失修，學官有時須租借民宅，根本之計是自行捐俸，加以整修，以利工作與居住、其次是掌教書院與濟助貧生；有關社會方面者居次，以賑濟災荒爲最多，接著是防城團練和與修方志，詳見表5-1。

總之，學官雖然不負行政之責，仍可藉宣揚文教、服務社會等活動，憑其才具與志趣，發揮多方面的功能，澤及於民。而學官也會得到各種方式的回饋，有些是收到匾額〔註126〕，甚至設長生位〔註127〕，繪像焚祝〔註128〕；

歿，出己俸助其柩歸里。」（《吉安府志》，卷十四，頁 33）光緒十年起任河南陝州學正十餘年的馬毓駿，「每學使按臨，謁廟講書，必與同寅商議，擇諸生之翹楚善辨論者，派令宣講。」可見他很尊重訓導的意見（《陝縣志》，卷十五，頁 18）。

〔註125〕 例如：雍正七年起任氾水訓導十三年的齊于賢，「爲人靄吉可親，含弘能忍，胸中坦白，不設城府，久與之處，未嘗見其有疾言遽色。與馬教諭昉同官十餘年，亦步亦趨，每事輒推讓之。馬性剛急，不能容物，時或面加詰責，怡然順受而以耳聾自謝。」乾隆六年卒於官，年七十九（《氾水縣志》，卷三，頁 38）。

〔註126〕 例如：嘉慶年間舉人，河南夏邑教諭張照萬，「嚴立課程，整飭士風，賴以成就者甚眾。致仕歸猶講經授徒，拔成後進。卒年九十有七，李文清公以『達尊兼有』榜其門。」（《氾水縣志》，卷八，頁 12）李文清公即李棠階，咸同年間理學家，歷任顯官，致仕歸里後掌武陟河朔書院十餘年。又如，康熙六十一年到邵陽任訓導六年的劉淮，由於當時的教諭也稱職，雍正甲辰鄉試邵士得六人，且文武兩科皆第一，前此未之有也，郡守劉業長贈詩云：「公門桃李靄明倫，八代文章學力眞，師範遺山流教澤，月巖身後再來人。」其推重如此（《寶慶府志》，卷一〇九，頁 25）。光緒十九年選授山東清平教諭竇清哲，「在任二十餘年，生徒皆秩式之，其縣全體士紳恭送『士林模範』匾額以爲紀念。及宣統三年解任回里，邑人送之數十里不忍別。」（《陵縣續志》，卷四，頁 17）

〔註127〕 例如：袁鳳三任河南禹州訓導，重修文廟，守衛城池，戰亂之時，典衣倡捐粟米以濟貧乏，士民感其忠義，爲設長生位，送衣緻匾額，歿後士民請入名宦祠（《項城縣志》，卷二十四，頁 7）。

〔註128〕 例如：「康熙五十一年，永寧縣有無知愚民，與縣官激詬，縣官張大其事，申報上憲，闔邑鼎沸，幾成大獄。幸開封府知府惻然憐憫，力請上憲委陝州教官孟翰誠開諭永民，號呼涕泣，纍纍繫頸，隨孟教官赴轅哀請，旋蒙恩赦，官民免禍。至今永民感二公之德，繪象焚祝。」（《洛寧縣志》，卷八，頁 8）

里人為表對學官思親之同理心，而罷茱萸之會〔註129〕，有些是在離任時士紳與生員送行，若是窮困而卒於任上的學官，士紳或生員還會幫忙處理身後之事〔註130〕，還有些紳民會赴勤於課士，樂於賑濟的學官原籍地表達他們的追思〔註131〕，敦厚之情，尤令今人感動。

表 5-1　清代地方學官文教與社會活動情形統計表

活動及項目	時期人次	順治～乾隆	嘉慶～道光	咸豐～同治	光緒～宣統	合　計	百分比
文教活動	修復學宮	471	129	51	29	680	30.9
	修復書院	32	31	22	8	93	4.2
	掌教書院	68	66	42	25	201	9.1
	濟助貧生	124	48	11	11	194	8.8
	設置膏火	19	25	8	6	58	2.6
	整頓學田	35	10	7	5	57	2.6
	增祭樂器	30	8	11	8	57	2.6
社會活動	不責贄儀	46	29	17	6	98	4.4
	賑濟災荒	118	56	28	18	220	10
	防城團練	32	62	151	6	251	11.4
	纂修方志	82	29	16	8	135	6.1
	旌表節孝	20	18	20	11	69	3.1
	移風易俗	12	7	6	3	28	1.3
其他	代署縣事	49	6	6	2	63	2.9
	合　計	1138	524	396	146	2204	100

資料來源：根據本文徵引書目河北、河南、江蘇、浙江、安徽、湖北、湖南、四川、廣東、雲南十省方志有關學官之各類傳記統計而成。

〔註129〕康熙年間湖南邵陽訓導吳宏初，認真課士，公正辦理交代公務，他「性至孝，父以九日亡，每值忌日追慕哀泣，里人至罷茱萸之會。」(《寶慶府志》，卷一○九，頁24)

〔註130〕例如：河南彰德府教授王湛元，以端士習為急務，與諸生反覆申析天理人欲之界，囊橐蕭然弗恤也。受陶鑄者莫不彬彬焉，質有其文，射策發科，接踵後先。「卒之日，棺斂皆資於諸生，櫬歸，諸生徒步執紼，送至數十餘里，流泣不忍去。」(《許昌縣志》，卷十二，頁18)

〔註131〕康熙年間，河南虞城教諭高兆昌，「課士甚勤。虞城大饑，煮粥活人。在任五年卒於署。門生百餘人扶櫬歸里，哭送者尤夥。葬後，虞之紳民親至氾勒碑頌德。」(《氾水縣志》，卷八，頁10)

第六章　清代地方學官之學行、生活與社會地位

　　清代地方學官出身科舉，其中不乏鴻儒碩彥與俊傑之士，如陳澧、朱駿聲、劉台拱、劉蓉、羅澤南、錢鼎銘等，皆曾擔任過學官，只是其學術地位或軍事成就較為人所知，對於曾任學官之經歷，已無人注意。其他沒沒無聞之眾多學官，更難被人知曉。本章將分三節來說明清代學官的學行、生活與社會地位等方面，學官既是一個群體，為數眾多，難免良莠不齊，不能一概而論。第一節多敘述有正面表現的典型學官形象，至於不安本分、不足以為士子表率的學官則在第二節中提及，藉以了解全體面貌，第三節則由學官的品學、職務、官位、心態、社會評價等角度來論述學官的社會地位。

第一節　學行表現

　　人的思想與行為既受自身資質與成長環境的影響，也受時代的刺激與文化的陶鑄，形之於內即為思想，發之於外即是行為。傳統中國在儒家思想支配下，形成一套社會規範，儒家經典為科舉考試的必考科目，亦即士子必讀之書，學官既為科舉中人，其思想行為即深受儒家思想薰陶。同時清政府屢次督促地方官、學官或生員在各地鄉約中宣講〈聖諭廣訓〉，強調忠孝節義，讓這些思想更為深入人心，以收維繫社會與政治安定之效。學官是這些思想的承載者與傳播人，其學行修養的情形，勢必與其工作成果有關，故須加以分析探討。

一、學官之品德

典型的學官應講求並實踐忠君、孝友、仁愛、勤儉等傳統美德，以爲表率。茲分項敘述如下：

（一）忠　君

盡己之謂忠。「忠」在今日指忠於國、忠於事，即由前面忠於君之觀念衍申而來。此處所謂「忠」係指狹義的爲忠君而忠於職守之觀念與行爲。

中國社會重視倫理，在五倫中，君臣關係排在父子、夫婦、兄弟、朋友之上。春秋戰國時代視君臣的權利義務關係是相對的，例如孔子說：「君使臣以禮，臣事君以忠」，孟子說：「君視臣如草芥，臣視君如寇讎」、「聞誅一夫紂矣，未聞弒君也」。這種相對關係在君主專制政體確立後，非但不易維持，甚至變質爲「君要臣死，臣不敢不死」，強化「天無二日，民無二主」之說，忠君的極致表現是在宋明衰亡之際，常見大小官員、甚至百姓，在城破之後自盡，他們根本無力挽狂瀾於既倒，只能「臨危一死報君王」，以實踐忠君之信念。

學官無守土之責，但在清代各地大小亂事中，例如川楚教匪之亂、太平天國、捻亂中，即見有些學官訓練鄉勇，率領團練，登陴守城，力盡被擒，不屈而死；有些手無寸鐵，只能責罵叛逆分子而殉難，一死以報君恩。其勇於抵抗，具有犧牲精神，即出於責任感與忠君觀念。例如嘉慶元年（1796）丙辰之亂，任湖北來鳳縣的莊姓與甘姓學官俱在此亂中殉難〔註1〕；咸豐四年（1854），臨清州太平軍攻陷臨清城時，學正單爲憲衣冠坐明倫堂罵賊，賊脅以刃，聲益激烈，遂被害〔註2〕；咸豐八年，太平軍破龍巖州城，由廩貢任龍巖訓導的童日龍罵叛者遇害〔註3〕；咸豐十年，杭州被太平軍攻陷，教諭莫榗

〔註1〕施南府志有三首詩記此事，〈甘學博殉難〉、〈甘廣文幸見危之能授命也〉、〈甘廣文〉，茲錄第二、三首如下：「廣文老無力，難禦跳梁賊。……公（指甘氏）延三尺綬，明倫堂上授命時，英靈聯步莊公後。莊公先亦廣文官，琴堂鱣舍兩鄉歡。一時同入昭忠祀，名在豐碑神在天。」（《施南府志》，卷二十八詩下，頁20）「首葅堆盤苦備嘗，何期厄運遘黃楊。官非守土生何害，職在明倫死不妨。縱使招魂滿天地，可憐延頸報君王。聖朝曾錫襃忠典，俎豆長同泮藻香。」（同上，頁24）

〔註2〕《高密縣志》，卷十四上，頁30，單爲憲之子挺身遮蔽抱父尸，父子皆被焚爲灰燼，事平，祀臨清忠烈祠，入本籍昭忠祠。事蹟又見《臨清縣志》秩官志，頁70。

〔註3〕《重纂邵武府志》，卷二十三，頁70。

芳對其妻說：「我儒官也，有名教責，身殉而已」，遂投繯〔註4〕。同治三年，安仁訓導吳棠因自認「職分所在，求無愧於心耳。苟且偷生，何面目見士庶乎？」而被殺害〔註5〕。太平軍陷嘉興時，訓導張詠題詩壁上：「城存與存，城亡與亡。君臣之義，千古維彰。今也不然，目擊心傷。以扶名教，以振綱常。身不可辱，在水中央。」即投泮池而死〔註6〕。

對於殉難之學官，政府給予褒獎，視情況立廟祭祀、入昭忠祠、賜祭葬費、加授官銜、詔給世職、封妻蔭子等，固然是對殉難者給以死後哀榮，也是朝廷樹立楷模，令人興見賢思齊，效忠君主之機會。社會人士每爲之立碑，申請入祀當地的忠義祠、名宦祠或故鄉的鄉賢祠，在各學校裡加以祭祀。

清初大致太平，即使有動亂，很快被平定，殉難學官人數不似後來之多。三藩之亂時，福建順昌訓導謝國樞被耿逆逼受職，不從，賊義其行而釋之〔註7〕。嘉道時期動亂次數多，規模大，殉難學官人數增加；咸同時期太平天國與稍後的捻回之亂，是普遍性的大動亂，殉難學官人數最多。光宣時期所見殉難人數最少，一方面因時間較短，列入統計者較前三段時間爲少，更因清廷在一連串對內對外的挫折中威信漸失，西方思潮輸入，革命形勢展開，使得時人的忠君觀念較以前薄弱所致。儘管民國成立後仍有遺老遺少眷戀前清，而由辛亥鼎革之際，清廷大小官員能掛冠歸里已是難得，殉難者更少〔註8〕，當可窺見一般人忠君觀念漸趨淡薄。

（二）孝 友

善事父母爲孝，善待兄弟爲友。《孝經》謂：「夫孝，天之經也，地之義也。」《四書》中論及孝友之處甚多，更爲強調孝。儒家根本思想爲仁，孝弟

〔註4〕《杭州府志》，卷一三一，頁23。

〔註5〕《湖南通志》，卷一七九，頁50。

〔註6〕《杭州府志》，卷一三一，頁30。

〔註7〕謝國樞不肯出，有勸之出者，他說：「祿山之叛，附僞者六等定罪，爾獨不聞之乎？」聞者咋舌而走。海寇内訌，家人悉逃，母老不忍去，賊義而釋之（《重纂邵武府志》，卷二十三，頁95）。

〔註8〕根據《辛亥殉難錄》，提學使吳自修竭力搜訪是年殉難文武官員一百五十餘人中，僅一人是學官。雖然清季大裁學官，然尚未裁盡，與明季學官踴躍赴難的情形迥異。以明末河南中牟教諭楊鳳彩爲例，「值流寇圍城，鳳彩督眾固守，後被執不屈死之。」（《中牟縣志》，名宦，頁42）《續修廣饒縣志》編者比較明清兩代地方人物云：「舊志云邑人物，以明之季世爲最盛，不獨學問事功，卓絕一時，其氣節品概，亦令人悚振。使生今日，或且迂僻目之，獨不知百世而下，能與所稱迂僻者爭載籍一日之光，究竟疇某耳！」

爲行仁之本，在傳統道德裡占重要地位。報答父母養育之恩，愛護兄弟手足之情，固屬人之常情，在家族中心的社會裡，孝友與忍讓同是維繫大家族的必需品德。加上君主提倡，孝友之道遂成爲社會風氣。

　　作者就所見學官傳中特別提到孝友的次數來看，孝於父母者總比友於兄弟者爲多；即使在清季忠君觀念漸趨薄弱之際，孝友之道仍被奉行，並無動搖跡象。前者是因儒家所講之愛是有等差，父子關係自比兄弟更密切；後者即因孝友出於人之天性，且比身殉忠君爲易之故。

　　學官實踐孝友，與一般官民無異。茲再就數事加以說明：在表4-6可見既任學官後因親老而告歸終養者幾占離任原因總數的 10%，丁憂致仕者占8.1%；在本文所徵引方志學官傳中有記載改任教官與不就教職資料的統計，在改任教職者中，因親老而改教職者占該項 22%；在不就教職一項中，因親老而未任教職者占該項21.1%〔註9〕。這些數字顯示學官有因要孝養父母而不肯赴遠地任官而改任教職，也有因要便於奉養而於任官後又改任仕宦地點較近的學官之職，還有因爲親老急於祿養，要得到貤封父母而就教職〔註10〕；也有因一片孝忱而獲題爲學官者〔註11〕；或因親老、丁憂而離任；情形雖各有不同，孝思與孝行則一。「孝」成爲學官必備的品德。

　　凡孝於父母者多能友於兄弟，常見學官友愛的表現方式爲讓產於兄弟〔註12〕、幫助撫養兄弟留下之孤兒寡母，或者不願因任官遠方而與兄弟別離，例如直隸雄縣教諭王穎蕙赴司鐸任時，執其弟之手曰：「吾爲五斗米不能

〔註 9〕 根據徵引方志學官傳有記載改任教官與不就教職資料統計，改任教職者一百八十六人中，因親老改教者四十一人，其他原因改教者一百四十五人；不就教職者五十二人中，因親老不就者十一人，其他原因不就者四十一人。

〔註10〕 廣東博羅教諭馮泮泗以親老告終養（《高州府志》，卷三十八，頁 4）。江蘇崑山教諭劉方沛得改教職後曰：「崑山距靖不過三百里，視膳問安，一返棹可得也。」（《靖江縣志》，卷十三，頁 53）直隸吳橋教諭宋時正以親老急祿養，遂就銓廣文（《定州志》，卷十四，頁 30）。湖北枝江訓導桂元嘗曰：「吾來此非爲薄祿，爲先人貤封計耳。」迄誥命至，遂告歸（《襄陽縣志》，卷二十四，頁 25）。另一相似之例爲山東臨清學正張鐐，「鐐之就官也，冀得邀單恩以追榮其父母，到任二年幸得之，遂謝病歸。」（《臨清縣志》，秩官志，頁 66）

〔註11〕 李元度記載，「呂孝子七歲刮股癒母疾，以孝行聞，學政保題而任學官。」（李元度，《天岳山館文鈔》，卷八，頁 34）

〔註12〕 乾隆二十一年（1756）舉人，擔任鄆平縣教諭的史克信，性孝友，「初任鄆平教諭，家中資產悉讓兄，無德色。」（《定陶縣志》，卷六，頁 19）即使後來歷任知縣，歸里時宦囊如洗，蕭然自得，人以清廉稱焉。

與兄弟聚首，心終怏怏不樂。」〔註13〕手足情深，溢於言表。

　　身教重於言教，學官躬行孝友，即具表率士子、敦厚民俗之作用。故鄉里中若有忤逆不孝、兄弟不諧而告至學署者，學官往往多方勸諭，並以身示範，使雙方悔悟，即爲身教言教並行之效。

（三）仁　愛

　　許慎《說文》釋仁：「親也」，《論語》〈顏淵篇〉曰：「仁，愛人也。」韓愈〈原道〉稱：「博愛之謂仁」，皆表示人與人之間的關係要靠實行仁。仁是待人的最高法則，行仁先由孝弟做起，推廣及於對社會上一般人之愛。學官受儒家思想薰陶，以民胞物與之胸懷，照顧需要幫助者。縱然自己的生活並不富裕，還能人饑己饑，人溺己溺，在方志中很常見其愛心，他們肯幫忙甚至代替地方官盡責，捐俸幫助貧寒生員、無依族人、窮苦大眾，或協助辦理社會慈善工作，如賑濟災荒、施衣救凍、施藥治病〔註14〕、設堂收養老弱孤寡、置義塚、購義材，甚至因要爲民請命而與上司力爭，或是縱使無力改變上司的想法，只得形諸文字，表達愛護黎民之心〔註15〕。有些雖是小惠，對當事人而言卻是大恩大德，由仁愛精神所發出的適時救助，即造福群眾不淺，因而有安定社會秩序的作用。功不唐捐，他們的愛心感人，地方人士與士子在他們離任後，遮道送行，立德教碑〔註16〕，以紀其事，並表去後之思；去世後，爲之申請進入鄉賢祠或名宦祠，士子還感念恩德，到墓地祭奠，極爲感人〔註17〕。

〔註13〕《交河縣志》，卷七，頁27。

〔註14〕例如：光緒二年（1876）舉人，十五年（1889）大挑一等改授雲南通海教諭的陳僎，「精醫學，延醫者無論貧富，概不取資。遇有要症，雖婚夜陰雨輒往診視，屢著奇效，一時里人德之。」（《宜良縣志》，卷九上，頁50）

〔註15〕山東萊州府訓導蔡一珣作感事詩：「原田一望盡沮洳，胥吏追呼不暫紓。爲問陶唐洪水日，牧臣誰上屢豐書。」自註：「時州境大水，民多流亡，州牧仍以八分年景上報，故感而賦之。」（《牟平縣志》，卷七，頁14）

〔註16〕以光緒三十三年進士李書鳳的〈教諭牛文榮先生德教碑〉一文爲例，稱許這位范縣教諭勤於創新教學，善待諸生的作爲：「遠近生徒至則飲食之宿之，貧不能試，資遣之。……范學田薄，先生應得百餘畝，其六十畝洇於河，先生至，田忽洇出。先生曰：是爲吾有，吾不願有之，以給士薪可也。告上官捐入學堂。其用心之苦，見理之眞，已極校官之難事，非近今所恆有。」（《范縣志》，卷六，頁65）

〔註17〕雍正十三年（1735）副貢，任新安教諭時，砥行礪節，循循善誘，多所成就。及告歸，士子遮道攀餞不忍別，卒年八十有三。每有新安士子過牟，輒訪其

（四）勤　儉

就求學言，勤能補拙；就做官言，儉可養廉。學問無止境，一般學官在博取功名前之青燈黃卷，下帷攻讀，自不待言。及選就學官後，為了職務的需要，或為研究著述，或是準備鄉會試，仍須手不釋卷，長期養成的讀書習慣，即使退休後仍是以讀書為樂。此種勤學精神與生活境界，當遠比忙於官務與鑽營的其他官員為高。

學官如果只靠薪俸，收入不豐，必須節儉用度。傳統社會不強調刻意追求財富，對讀書人的要求是君子固窮，無恆產而有恆心。在崇尚清高的道德標準下，學官生活尤須節儉才能博得雅譽，因而方志中的學官傳，大多一再強調學官生活之儉約。由於學官常須出資捐助文廟學宮與學舍之修繕、書院義學或社學之興建、生員之膏火、協助生員赴試，以及其他公務之開銷，學官只得儉省自己的用度，才能支應〔註18〕。

（五）清　廉

不苟取謂之廉，廉潔自持是任何職位者應守的官箴與基本品德。但學官若僅靠薄俸，勉強足以維生，有些學官即視收取生員的贄金為補貼，只要不強行勒索，不貪非分之財，已是其中的清廉者。有工程即易滋生舞弊，古今皆然。學官掌管學宮，每逢學宮等修繕工程之時，對某些學官而言，正是近水樓台的可乘之機，因此對於董修學宮能出入無所私的學官，即受其長官褒揚〔註19〕。故在表5-1中「清廉自持」一項，僅包括拒收各項賄賂，至於不收贄金或不計較贄金多寡者，概未計入。

學官是清高之職，除非苟且鑽營、侵吞公款、勾結地方官圖謀不當獲利，才可致富。只是這些不義之財，清廉的學官既明辨義利之理，自不肯收，甚至對於僕人的品行，也有要求〔註20〕。而惟有這些不在意營求有形財富的人，才能實心任事，對於真正清廉的學官，地方士紳與生員也會給予榮

墓以奠（《中牟縣志》，儒林，頁78）。

〔註18〕例如康熙四十四年拔貢獲任霑化教諭之石璽，「時學舍傾圮，皆賃居民舍。璽乃儉約自奉，結茅治屋，椽役皆有棲止。」（《霑化縣志》，卷五，頁20）

〔註19〕例如：卒於福建建安訓導任上的謝光惠，因修學宮出入無所私，學使宋徵輿、陸求可先後獎之（《重纂邵武府志》，卷二十三，頁11）。

〔註20〕例如：江西廣豐教諭衷化霖，「黜華崇實，士習以淳。蕭然冰署，淡如也。一日有僕袖金歸，詰所從來。擲金污池，杖而逐之。其耿潔類如此。」（《廣豐縣志》，卷八，頁11）

譽，以示尊崇〔註21〕。

（六）莊　重

君子不重則不威，學官為士子之師，衣冠整肅，舉止持重，不苟言笑，才可使士子望而生畏，肅然起敬，此即學官在生員面前端莊矜持的原因，也是方志學官傳常敘述莊重的學官雖夏天也服裝整齊這個今日視為當然禮儀的緣由。

（七）其　他

如淡泊名利〔註22〕、剛正不畏，嚴抑無紀官兵，例如同治年間任河南新安教諭的沈教諭之所為〔註23〕，的確能表現某些學官不為貧賤所移、富貴所淫、威武所屈之氣概。

表6-1　清代地方學官品德統計表

時期 人次 德行	順治～乾隆	嘉慶～道光	咸豐～同治	光緒～宣統	合　計	百分比
孝順父母	191	75	43	26	335	26.3
友愛兄弟	100	39	22	14	175	13.7
清廉自持	142	77	31	17	267	21.0
剛正不阿	47	28	19	14	108	8.5
端重老成	99	34	20	9	162	12.7

〔註21〕例如：河南涉縣訓導馬豹文在任時，倡建李公祠，以慰忠魂；請撥府學生員，以廣造就；更重要的是，施卷資，減丁價，澤被士林。在涉十年，邑人深沐德教，榜其門曰：「穆如清風」（《許昌縣志》，卷十二，頁21）。

〔註22〕例如：康熙年間歲貢生江六端有文名，福建巡撫金鋐纂修省志，應聘往，同館諸賢達咸推重之，和碩康親王雅慕其名，將薦於朝，辭不就。歸以詩文書畫自娛，生平非義不交，非公不出，晚官福州府訓導卒，有集藏於家（《重纂邵武府志》，卷二十四，頁6）。

〔註23〕沈教諭任河南新安教諭時，「勝保軍西征，道經新安索供應，占民居，罪大惡極，以官軍而行同強盜，百姓呼冤，縣官不敢問，相率請於沈。沈往與縣議不決。慨然曰：『民被蹂躪如此，而不之救，國家設官何為者？』請輦一乘，炮三聲，民壯若干，代為請命，有禍我自當之。縣官從其請。於是乘輿而出，往謁某統領，道為兵阻不得前，乃閉城門，督民壯凡兵士隱匿民眾者悉捕之，驅諸城外，兵因此斂迹，民亦稍安，而沈亦坐是免官，紳民請留不獲命，乃贈『仁為己任』匾一面，以作紀念。」（《新安縣志》，卷四，頁35）

淡泊儉約	71	33	24	13	141	11.1
慷慨好義	38	18	20	10	86	6.7
合　計	688	304	179	103	1274	100

資料來源：據本文所統計之四千餘名學官傳中，有品德情形記載者。

二、學官之學識與著作

學官在公務之暇可作學問，故有為此一職務能夠專意著述而願任學官者〔註24〕。由學官專長之學業與著作之範圍，當可窺見其學識。本節之學官學識表與學官著作表，係據所用方志內學官傳中之記載。其精於詩文而未提及著作者列入學識表中，如有著作名稱者列入著作表中。但若一人精通數項或著作甚多並指明者即分別計算，至於傳中僅記博學、勤學、嗜學、或著作甚富者，因難以考索究竟，無法歸類，皆未計入。茲據表 6-2 學識表與表 6-3 著作表統計所得，分析說明如下：

（一）詩文與經史

就表 6-2、表 6-3 所列數字可見學官最擅長的是詩文，其次是經史，再次為制藝、書畫、理學等。其著作數量雖多，因知名度不夠高，人微言輕，即使刊行，也不易保存流通，況且有些僅收藏於自己家中，並未流傳，加上受自然淘汰及兵燹破壞，能流傳至今的已非常少，故很難由學官的著作中直接探討其思想與學識，除了成名之作外，不易估計或說明其造詣。

吟詩作文是傳統社會文人消閒酬酢的方式之一，學官所寫的篇章在其生前或死後由自己或家人、門生整理付梓而出版或印成詩集與文集。詩以言志，可以表現一個人的真正感情；文集敘述包羅的範圍很廣，從應酬性質的文字書信、隨意書畫的消閒小品，到有學術價值的探討、對時務的見解都有，然因其著作已無由見到，無法就內容細分，只得以其書名為準，題為文集者，即計入文集中，其餘類此。

學官精於作詩為文者比精於經史者為多，而在著作表中之差異更大。主要因為學官出身科舉，必須專攻所考之經史詩文。漢代以降，研究經史的方法不外訓詁、考據與義理。經史著述，汗牛充棟，然而真有創見者不多，必

〔註24〕衡州府教授劉世澍因志在著述而改任學官（《湖南通志》，卷一七六，頁 5）。
　　　　沈德潛於〈贈昌化教諭茅應奎詩〉中云：「廣文官冷遲紆綬，著述多年漸等身。」
　　　　（《湖州府志》，卷七十六，頁 14）

須有持久的時間、廣博的學識、敏銳的思考、深入的探索，才可能有上乘的著作。撰寫詩文則較易，大塊假我以文章，謳頌自然，抒寫人生，都可隨興之所至，作出美妙的詩篇或精彩的文章。寫作詩文既然比闡揚經史爲易，無怪乎統計表上學官的詩文作品數量要比經史約多三倍。

學官所作詩文集中，除載道之文外，也有反映思想與生活的話語〔註25〕。但因其作品分量太輕，篇幅太少，如無特殊之處，在以地位高低作爲取文標準的時代，一如現代社會常認爲官大學問大，教官既被認定是微員，他們的詩文很難被收錄到叢書裡，單篇之作，許多只是「藏於家」〔註26〕，更易遭淘汰或散失，故學官的詩文作品雖易完成，卻難流傳久遠。

清初學術崇尚經世致用，乾嘉時期盛行考據，學官受時代風尚影響，視經史爲正統的實學，不僅加以研讀與著述，而且身體力行。至於闡釋經義者又多於探討歷史者，也與爲明哲保身，自晦於經書中，樂而忘返有關。當乾嘉時期學者競尚漢學之際，也有學官認爲宋學有其重要性，而尊崇宋學〔註27〕。

（二）制藝與書畫

制藝又稱八股文、時文，爲應科舉考試者必習之文體。學官本身經歷過科舉考試，又以八股文教士子應付考試，故八股文對於不再從事教育或參加

〔註25〕由詩文作品的篇名也可說明他們關心名教，表露心聲，記載生活等情況。光宣之際山西大同府教授王善士的〈煙草詩〉、〈貫烈女詩〉、〈雙賢輓章補題〉等詩文，「皆有關名教之傑作」（《昔陽縣志》，卷三，頁33）歷任山西多處教授的李鳴鳳，吟詠甚多，著《莫如勤齋吟草》、《聽泉山館吟草》、《清陰軒吟草》、《借園文集》等，「類多見道語，不徒以文墨自豪。」（《昔陽縣志》，卷三，頁66）

〔註26〕例如：嘉慶十二年（1807）舉人，司鐸山東嶧縣的李希周，因辛酉守城功，推升兗州府教授，生平喜爲詩，著有《在山吟》、《挈中吟》、《枕上吟》等詩集，藏於家。又，恩貢任駿聲，郯城教諭，中歲絕意進取，從遊者甚夥，所成就多知名士，著有《野山房詩草》，亦藏於家（《高密縣志》，卷十四上，頁69、71）。光緒三十一年到山東臨朐任訓導的余培乾，宣統三年十一月卒於任所，著有詩文若干卷，藏於家（《臨朐縣志》，卷十九之二十，頁3）。

〔註27〕例如：嘉慶五年（1800）舉人，大挑二等選山東菏澤縣訓導，署曹州府教授之崔莊臨，「乾嘉間競尚漢學，莊臨獨兼及宋大儒之書，篤信不疑。嘗以爲士不學此，不足以爲士，若得爲大夫爲卿相，則更無論矣。莊臨厭學者以宗派相尚，每戒子孫，但願汝曹爲實學，求實用。」（《茌平縣志》，卷三，頁26）他在學官任內頗多建樹，道光十九年卒，同治四年即被巡撫與學政奏請入祀鄉賢祠。

科考者而言，僅是獵取功名的敲門磚；但是對學官言，無論是教生員或自己準備繼續應考，仍得勤習之。有些學官特別精於制藝，乃將自己或他人的範文刻成制藝集，以供士子參考〔註28〕。惟自科舉制度廢除後，這類失去時效的制藝集多歸銷聲匿跡，只在圖書館裡偶有保存。

中國文字結構特殊，形音俱美，作不同的排列組合，即有不同的文體與風韻，詩辭歌賦等都因歷代文人的創造運用而有輝煌的造詣；表現在書法與繪畫方面，亦皆可成為精美的藝術作品。歷代多才多藝的文人，不僅擅長詩文，還能兼通書畫，學官中也不乏擅長書畫者。因為書畫既非其主業，習慣上也忽略這方面的研究，故學官精於書畫者雖多，能視書畫為一門學問而將其技巧著成專書者很少。

（三）其　他

古人云：「不為良相，當為良醫」，又云：「上醫醫國，其次醫人」，故自古甚重醫道，然而在舊社會中，僅有醫術，不重醫學，醫術被視為江湖郎中謀生之工具或讀書人之副業，將其視為專門學問而加以研究者，極為罕見。學官亦有精醫術者，自然被視為儒醫，若能為鄉里義診或施藥，每可博得民眾之愛戴。

古代之士，允文允武；及至宋代重文輕武成為積習後，讀書人僅是一介書生，鮮有文武雙全者。學官出身文舉，雖負督導武生之責，然而本身擅長武藝者極少，能以武藝教諸生者更少〔註29〕。此實為制度上的缺點，影響對武生的教學成果甚大，以致清代武生員之不法者比文生員為多〔註30〕。雖然

〔註28〕例如：雍正十年（1732）舉人，官廣州教授之陳學海，江西廣昌人，「課士嚴謹，文風丕振。著有《廣州課士錄》，督憲鄂公額以『儒林首表』。咨回本省任贛州教授，著有《瀛州時文集》。」顯然可見他樂於出版課士成果與撰寫的時文，以供士子學習之需（《建昌府志》，卷八，頁21）。

〔註29〕安徽祁門教諭譚琨於太平軍初起時，「集學中文武生，教以技勇，每月課試武藝，以資保衛。」（《續修盧州府志》，卷三十四，頁9）只是如此學官，甚為少見。

〔註30〕武舉之制，備於明代。清代各儒學皆設武生名額，督撫及所屬地方官皆有管教之責。武生不守紀律者多，沈葆楨於〈請停武闈片〉中稱武生：「無事家居者往往視頂戴為護符，以武斷鄉曲。蓋名雖為士，實則遊民，有章服之勞而無操守之苦，故以不守臥碑注劣者，文生少而武生多。」（沈葆楨，《沈文肅公政書》，卷七，頁69）馮桂芬於〈停武科議〉一文中云：「當世為大將立大功者，行伍多而科甲少。武科之不得人，視文科尤甚。故武職以行伍為正途，而科甲不與，顯與國家設科之意不合。」（馮桂芬，《校邠廬抗議》，卷上，頁

學官知兵事者不多，但是在清初平定各地之時，仍有嫻熟兵事的學官，提供有效的策略〔註 31〕；當咸同用兵之際，某些學官組織團練保衛地方者，大有人在，其作戰亦有所表現，除了環境使然，情況危急之際，發揮潛力，展現智勇，也與學問本身和不同事務之間有相通之理有關。

我國古代在天文、曆算等方面的知識已頗有成績，後人因過於偏重關注倫理與研究經典，遂忽略這些固有的科技學問。清代學官中以從事此方面研究而著名者如陳訏、錢塘、凌廷堪、談泰、吳蘭脩、汪曰楨等人，其成就俱見於阮元之《疇人傳》中。

表 6-2、6-3 中所稱「地理」，指風水之術，不包括纂修方志者。學官通近代所謂地理者甚少，能注重今日概念之世界地理者，更如鳳毛麟角。學官擅長風水、堪輿與星相之術者三項合計，不到 2%，亦屬不多。

總之，學官專精於經史詩文者多，其他學識者少，實與習儒者以勤研現世的、倫理的傳統經典知識為主，而忽略實驗的、思想的學問有關。

（四）晚清變局中學官的見識與作為

晚清遭逢變局，身處其中的學官亦有能明時務而有所因應者，就所見資料觀之，略舉數例：

清代中葉以來，由於沿海地區最先受到帝國主義國家的侵略，學官留心洋務，感憤時勢而有所見解或著作者，即多限於這些沿海以及少數沿江省分。例如以修《廣東海防彙覽》、《粵海關志》等書著名的廣東澄海教諭梁廷枏，於書無所不讀，因識夷情而被聘襄辦洋務〔註 32〕。龍門訓導李玉茗在林則徐屬行禁煙之時，認為鴉片煙當禁，惟不可太急，且言禁煙非策，必為外夷藉口〔註 33〕。開建訓導熊景星「痛中國積弱，感時憂亂，不可於意，恆多嫚罵。」〔註 34〕成毅任湖南岳州教授時，日與諸生講求時務，且於海疆、團練、錢法等，皆著有論議〔註 35〕。

63）故主張停武科，武科終於光緒二十七年詔罷。

〔註31〕康熙初年，山東汶陽教諭楊書有在親王南征時訪問他，指陳敵情，如在掌握，蓋夙嫻兵事也。親王請與偕行，以親老不應（《茌平縣志》，卷三，頁25）。

〔註32〕《順德縣志》，卷十八，頁 8。

〔註33〕《高州府志》，卷三十九，頁 40。

〔註34〕《南海縣志》，卷十八，頁 9。

〔註35〕《湖南通志》，卷一八一，頁 16。

　　光宣時期因國勢益危，學官中留心時務者已由坐而言進展到起而行，主要表現則在興學方面。例如吳保昌曾任直隸易州、河間、寧遠等地訓導，於光緒末年興辦初級小學與高級小學，成績昭著〔註36〕。通州學正高奎照深知西學之用，急立學堂，親訂規則，遊學日本，回國後著《教育學》一書〔註37〕。開原訓導陳荃奉奉天將軍趙爾巽檄辦學校，不及一載，設立學堂數十處〔註38〕。可見學官中亦有與當時開明的朝野士紳一般，對時局有深刻的體認。但是他們受到職位限制，僅能向其他行政長官陳言方策，以冀實行而已。

　　檢討學官中識時務者畢竟不多，僅占5%，著作更少，其原因實與其所受教育背景及社會環境有關。經宋儒闡揚後的新儒學，本身形成一套對天體理論與人生哲學的體系，對世事較缺乏勇猛精進的行動力，加上農業社會具有尊重傳統的強大保守力量，難以全面求新或變革。學官在舊思想的束縛與社會守舊氣氛的籠罩下，一旦猝臨變局，往往不知所措。他們固守傳統道德與知識有餘，謀求進取與革新則不足，在清季教育改革之際，對中國教育的現代化而言，僅是略有貢獻。

表6-2　清代地方學官學藝統計表

專精學藝＼時期人次	順治～乾隆	嘉慶～道光	咸豐～同治	光緒～宣統	合　計	百分比
經	92	38	28	9	167	15.0
史	37	21	14	5	77	6.9
詩	113	58	25	9	205	18.4
文	109	54	29	10	202	18.2
書	63	35	21	12	131	11.8
畫	21	14	9	7	51	4.6
制　藝	30	23	8	3	64	5.8
理　學	27	8	4	3	42	3.8
醫　術	11	10	11	5	37	3.3

〔註36〕《清苑縣志》，卷四，頁70。
〔註37〕《交河縣志》，卷七，頁60。
〔註38〕《新城縣志》，卷十二，頁22。

兵　略	5	4	9	1	19	1.7
律　算	9	9	3	3	24	2.1
天　文	6	6	1	1	14	1.3
地　理	2	4	2	1	9	0.8
堪　輿	1	1			2	0.2
星　相	1	2	3	2	8	0.7
時　務	4	10	19	27	60	5.4
合　計	531	297	186	98	1112	100

資料來源：據本文所統計之四千餘名學官傳中，有學藝情形記載者。

表6-3　清代地方學官著作統計表

著作＼時期人次	順治～乾隆	嘉慶～道光	咸豐～同治	光緒～宣統	合　計	百分比
經　註	74	33	14	7	128	13.7
史　著	19	24	2	6	51	5.5
詩　集	137	100	55	19	311	33.3
文　集	153	116	57	23	349	37.3
制　藝	22	7	3	2	34	3.7
理　學		1	1		2	0.2
書　法		3	1		4	0.4
繪　畫	1		1	1	3	0.3
醫　術	3	2	5	6	16	1.7
兵　略	2		1	3	6	0.6
律　算	7	2	2	2	13	1.4
天　文	2			1	3	0.3
地　理	5	4	1	1	11	1.2
堪　輿	2	1			3	0.3
星　相	1				1	0.1
合　計	428	292	143	72	935	100

資料來源：據本文所統計之四千餘名學官傳中，有著作情形記載者。

第二節　生活情況

　　學官若僅靠薄俸，只有在每年二、八月兩次丁祭後才有肉吃，平時想解饞與營養來源主要靠豆腐，因此被戲稱為「豆腐官」。此外，苜蓿也是學官常吃的菜，顯示其生活清寒。青氈、寒氈也是常見形容學官生活拮据的用語。然而因為獲得外快的機會與數目不同，其間個別差異也很大。一般而言，學官的總收入遠不及地方官多，但因開支小，省吃儉用，已足溫飽，甚至可支應公益之需。若能安分守己，其生活亦可頗饒樂趣。

一、收支與生活

　　學官最基本的收入為薪俸，其次為政府默許或社會接受之例規，如生員進學時所送之贄金，兼掌書院所得之束脩等。

（一）祿秩與支出

　　清代官員薪俸多少，根據官職品秩高低而異。清初學官的品秩尚沿襲明代舊例，僅教授為從九品，餘皆未入流。順治四年定教官生員俸廩，教諭訓導照從九品給俸〔註39〕。每學只有一俸，如有正、副二學官者即共分三十一兩五錢二分之年俸。因此在乾隆元年（1736）改變舊制以前，學官的生活相當清苦〔註40〕。乾隆即位之初，乃加恩天下學官，升教授為正七品，年俸四十五兩，學正、教諭為正八品，各學訓導為從八品，年俸俱為四十兩，各食一俸，以示崇儒重道之意〔註41〕。學官收入雖較從前增一倍多，然其後物價屢有波動〔註42〕，薪俸卻從未再增，學官不似京官之有恩俸、祿米，地方官

〔註39〕　《高密縣志》，卷一，頁8。

〔註40〕　江蘇長洲教諭劉貞吉傳：「清俸所入，不敷供苜蓿盤。」（《吳縣志》，卷六十四，頁6）顧溥傳：「歲入脩脯，不足以給於用。」（《如皋縣志》，卷十五，頁28）方志學官傳中類似記載甚多，不勝枚舉。

〔註41〕　《大清會典事例》，卷二〇〇，頁9：「舊例教職兩官同食一俸，未免不敷養廉。著從乾隆元年春季為始，照各官品級，給予全俸。」

〔註42〕　順治康熙年間斗米不過百文，雍正乾隆之時已至一、二百文。「道光以來，米價極賤時，一斗必在二百文外，昂時或千餘錢。」（《清稗類鈔》，風俗類，頁2）「光緒十年米價每石約二圓，戊戌夏驟漲至六七圓，人心驚惶，幸旋即低落。時銀幣每圓兌錢九百文。己亥、庚子每石常在三圓以內。……光宣之際，貴至八九圓。」（《嘉定縣續志》，卷五，頁13）如果只以米價而論，對不同年代米價都以斗為重量單位，文為貨幣單位，暫時的波動不計，可見光宣之際的米價約為順康年間的八倍；光緒己亥（1899）到光宣之際（1908）漲幅最大，十年間幾達兩倍。

或差官之有相當豐厚的養廉銀。學官若只靠四十兩年俸，僅足維持數口之家的溫飽而已〔註 43〕，如逢荒年蠲免賦稅，學官俸祿也會縮水〔註 44〕，至於上任、離任之旅費、應酬或其他用度，自然不敷開支，助長許多陋規的出現，並加以合理化。

（二）贄金與師生、同僚情誼

學官與生員本有師生之誼，按照慣例，學生初見老師，皆執贄為禮以示敬意。清代沿明舊制，規定新進生員須填寫親供，書寫年貌、籍貫、三代，至各學官署取得印結後，學官才造冊彙送至學政處覆試。生員即在赴學署取印結時，送見面禮給學官，此即「贄金」，又稱「印金」或「印卷費」。其價碼由數十貫至數百貫，而於武生尤多取，此乃上官所默許〔註 45〕。

贄金如果是出於生員本意，且在其經濟能力以內者，合乎習俗，尚稱無可厚非；學官若不計較其多寡，師生之間即不至於發生衝突。但是某些學官濫索贄金，形同陋規，在童生進學為生員時，即按各生家庭經濟情況而定不同數目的贄金，派手下的門斗〔註 46〕向生員勒索，討價還價，計及錙銖，罔顧朝廷禁令〔註 47〕，尤失師儒之體，往往自取其辱〔註 48〕，師生之情也因金錢爭執而破壞無遺〔註 49〕；更嚴重者，還會發生聚眾鬧事，需要動用公權力

〔註 43〕洪亮吉稱，士工商歲入四十千者，在順康時期可維持十口之家衣食尚有餘，而在乾嘉之際，因人口約增十倍，物價約漲四、五倍，但工作機會並未相對增加，以致生計漸難，至此時用來即捉襟見肘（洪亮吉，《洪北江詩文集》，生計篇）。

〔註 44〕例如：康熙四年就任山東邱縣教諭的孔貞孟，年已古稀，而精神滿腹。「值歲祲，蠲免本年賦稅，官俸遂無出。公力為省約，計米而炊，甚至日不能再一舉火。」（《邱縣志》，卷五，頁 39）

〔註 45〕《林縣志》，卷七，頁 1。

〔註 46〕《清稗類鈔》，胥役類，頁 21：「舊稱為學官供役者曰門斗，蓋學中本為生員設。廩膳稱門斗者，當是以司閽兼司倉，故合門子斗子之名而稱之耳。」各學校內除門斗外，還設有齋夫、膳夫之職各一、二人。

〔註 47〕「教官不得勒索贄見規禮。……違者照借師生名色私相饋送例革職。」（《欽定禮部則例》，卷五十六，頁 5）

〔註 48〕蔣夢麟記載他初進學為生員後，因贄金與教諭討價還價，其父怒曰：「孔子廟裡應該拜財神才是。」（《西潮》，卷七，頁 41）《清稗類鈔》也有一則諷刺學官醜態的記載：「光緒中葉，慈禧壽辰，常熟人以賽燈祝嘏。該地教諭殷某，訓導張某，皆以貪賄為諸生所憎，乃製燈牌二，一繪鷹猿，識殷某也；一繪獐鶴，識章某也，而導以缺齒之老獅，若曰此乃無恥之老師也。」（《清稗類鈔》，譏諷類，頁 109）

〔註 49〕《鹽城縣志》，卷十二，頁 28：「各直省教官於文武童初入學時，皆有例規，

〔註50〕。學官贄金所得，因其本人態度、任地瘠饒與生員貧富狀況而不同，其總數少則數百兩，多則一二千兩，對學官來說，實是豐厚的外快；但是對每位貧生而言，乃是一項極沉重的負擔〔註51〕。

清代各地儒學絕大多數有正、副兩名學官，二人相處時，如都廉潔，勤於教學，較可相安無事，出於愛心，甚至照顧貧困的同僚〔註52〕；如一貪一廉，則時生牴牾。例如湖南常寧訓導印緒見同官所取新生贄儀必盈其欲，即鄙之曰：「道義之教自今始，而遽言利，則持己待人兩失之矣。」〔註53〕廉者規勸貪者，自是各執一詞。例如直隸正定府教授李中淑任諸生給贄，副學即不悅道：「子亦赤貧，何沽名若此，獨不爲他人計乎？」中淑曰：「吾輩俸銀每日一錢一分，買豆腐吃不了，何必與窮秀才較錙銖哉？」〔註54〕也有廉者至少能使貪者稍微收歛的情形〔註55〕。若二人俱貪，亦不免因分配不均而懷疑對方，彼此視爲對頭〔註56〕。

每恣意婪索，致爲生童所詬怨。」

〔註50〕《平度縣續志》，卷四下，頁36載：「新生入學取結，例有陋規。咸豐初年新生因學官勒索苛虐，起與爲難，入學署滋鬧。經縣飛稟知府王鴻烈，馳至捕數人斃於獄。」後來，邑中富紳捐資發當取息，備充歲科兩試入學陋規之半。如此新生派累稍輕，而撥府者受累獨甚，邑中富紳又出資發當取息，充歲科州府新生入學陋規。只是頭痛醫頭，腳痛醫腳的作法。

〔註51〕《巴縣志》，卷七，頁7談及贄金曰：「豐者數百金，貧士亦必數十金，多方籌集，始能填冊覆試，甚有告貸無門，竟被阻過數月之後，乃能籌納，追赴學政於數十里外請求補試者。青衿一襲，債累終身。」《蜀海叢談》，卷二，頁31稱學官在貧瘠縣分可得贄金數百兩，富庶縣分分千餘兩。

〔註52〕方志學官傳中很少見到提及正副學官相處的情形，茲以乾隆年間由恩貢任霑化教諭的侯鈞爲例，他「與諸生講學論文，娓娓不倦，勤考課，卷皆自閱，評定甲乙，霑風以振。……乾隆五十一年卒於任，闔學諸生爲文致祭，副學王杜莊爲斂金賻歸，其櫬行之日，送五十餘里，慟哭而返。」（《定陶縣志》，卷六，頁29）臨清學正張鏐對於前任病故不能歸的訓導王蚵捐資擇地葬之，其妻亦合祔焉（《臨清縣志》，秩官志，頁66）。這類同事情誼，令人感動。

〔註53〕《湖南通志》，卷一九六，頁5。

〔註54〕《永平府志》，卷六十三，頁22。

〔註55〕例如：嘉慶十四年任建寧教諭之鄭兼才，「故事責新籍諸生束脩如薪火，貧士初聞捷報，憂喜交並，富者尤甚，往往索至百金猶不已。兼才力除積習，同官亦爲稍戢。」（《重纂邵武府志》，卷十五名宦，頁73～74）此外，他見學官子弟與邑士遊，陰爲奸利，特地禁子弟不得至署。

〔註56〕朱采於其文集記載一行徑囂張的署教諭：「查有署介休縣教諭王瓚於本年十月十二日到任，科案錄取新生業於九月送學。該員到任後，派斗於街市，拖拉新生董煥綸至學，押索謝儀。……又疑衛訓導收匿新生謝儀，尋向辱罵揪衣，

贄金之弊，既傷師道尊嚴，又損師生與同僚之誼，卻罕見有何徹底的解決之道。張之洞為四川學政時，勸置學田，以為補救〔註57〕。其他諸省，多仍其舊，直到科舉被停廢，學官被裁撤為止。

（三）其他收益

科甲出身之學官，若是品學俱優，又得地方官信任者，即有機會被聘為書院講席。各書院因規模、經費不同，束脩亦異。據張仲禮估計，任教書院者年平均收入可有數百兩〔註58〕。學官精於醫術者，亦可增加其收入，例如長洲教諭劉貞吉以「清俸所入不敷供菖蒩盤，善歧黃，治人輒效，用以補其不足。」〔註59〕學官如能「善營生計」，當糧價低時買進全年所需，注重節流，也不無小補〔註60〕。根據張仲禮估計地方紳士業醫者年平均收入約二百兩。學田所入本為供應諸生月課膏火及修理學宮之用，貪鄙的學官往往據為己有。至於學官侵蝕學租〔註61〕、賑銀、團防之費及干預詞訟、為諸生舉優報劣、補廩出貢、丁憂起復〔註62〕、歲科考試、為地方之人申請旌表節孝等事而收取陋規者，因並非每個學官都願意如此或有機會取得，故無法確實估出其額外總收入之多少。張仲禮估計學官年平均收入為一千五百兩〔註63〕，雖有其根據，似嫌偏高。因為假如學官平均年收入確在千兩以上，何以解釋所見有關學官絕大多數是窮困不得志的記載？何以全國眾多官員中唯獨「廣文」一職被譏為「豆腐官」〔註64〕？學官位卑，但有其尊嚴，似無必要

持硯毆打。」（朱采，《清芬閣集》，卷八，頁68）
〔註57〕《皇朝政典類纂》，卷十五，頁7。
〔註58〕Chang Chung-li, *The Income of the Chinese Gentry*, p.92.
〔註59〕《吳縣志》，卷六十四，頁6。
〔註60〕例如：光緒十一年補授陝州訓導之張前勳，「先生雖在官而善營生計，每麥秋登場，乘時價較賤即糴足滿年應用之數，量入為出，撙節開支，不畏寒儉，而對於諸生脩費亦不過事刻求，頗有師生禮意。」（《新修閿鄉縣志》，宦績傳，頁7）
〔註61〕學田歲入租金，所以養諸生之單寒者，後亦為教官所據有，由教諭訓導兩署平分其歲入（《林縣志》，卷七，頁1）。
〔註62〕例如：以拔貢獲選醴陵教諭的吳伯夔，「初蒞任即以孝親敬長，忠信篤行訓多士。舊例諸生丁艱有紙冊之費，悉革除之。」學政薄有德贈堂額曰：人文就範（《永州府志》，卷二十一，頁46）。
〔註63〕Chang Chung-li, *The Income of the Chinese Gentry*, p.33.
〔註64〕齊如山，《中國的科名》，頁201。又《清代筆記小說選》，頁772，解釋豆腐專屬廣文為笑柄：「今人率以豆腐為家廚最寒儉之品，且或專屬之廣文食不足之家，以為笑柄。」

像某些督撫一般裝窮〔註65〕。再則，不合人情與法理的收入雖多，亦具危險性〔註66〕。願意以身試法者畢竟不多，因而如以少數特例所推得之概數，可能不免失於籠統。

若以學官年收入與地方正印官相比，其間差異更大。洪亮吉謂當時守令得缺時即揣其肥瘠，抵任後先問地方陋規〔註67〕、餽遺、錢糧稅務之贏餘若干，離任時則連十舸，盈百車〔註68〕，因此有「三年清知府，十萬雪花銀」之說；而學官即使合計數項外快收入，亦不克致此。地方官即使欲清廉自持，薄俸實無法維持其開銷，養廉銀之外，還得靠陋規〔註69〕。學官收入雖比地方官少，然其支出也比地方官小，無論如何，總比年收入僅數十千文之士農工商兵為佳〔註70〕。故當有許多人不願做此雞肋般之學官時，仍有不少人要對學官一職投以羨慕的眼光〔註71〕。

〔註65〕郭嵩燾記載某些督撫只因畏人訾議，雖有養廉銀，仍然裝窮的情形：「身為督撫，歲支養廉，良亦不薄，而畏人訾議，多懷顧忌。……必自謝曰：『吾無一錢』。左季高在軍中日以此為言，沈幼丹江蘇歸裝四萬金，而以賣宅為生，皆為此語，吾弗屑也。」（郭嵩燾，《養知書屋遺集‧文集》，卷十，頁33～35）

〔註66〕例如：御史呂賢基奏請開革藉團練乾沒軍餉且招募匪徒充數的訓導黃培芳（《國朝先正事略》，卷二十五，頁21）。山陽教諭盧某因侵蝕賑銀而不得善終（《清代吏治叢談》，卷四，頁637）。

〔註67〕有些陋規具有特殊性，例如：「瑞州府學殿上多蝙蝠糞，積地數寸，淘之得蚊睫稱治目妙藥，價最昂，教授率以是為利。」雍乾之際瑞州府學教授趙與鴻至則盡除之（《瑞州府志》，卷八，頁17）。如非他任職後除此弊端，方志通常不會主動記載此事。

〔註68〕洪亮吉，《洪北江詩文集》，卷五十九，守令篇。又，Chang Chung-li, *The Income of the Chinese Gentry*, p.40.

〔註69〕周天生，《由基層地方官的幾項量化分析及職責看清代地方吏治》，頁119～121。

〔註70〕洪亮吉稱：「四民之中，各有生計。……除農本計不議外，工商賈所入之至少者，日可百餘錢，士儻書授徒所入，日亦可得百錢，是士工商一歲之所入，不下四十千。」（洪亮吉，《洪北江詩文集》，頁49）鄉紳在義學教書者，每年束脩僅數十千文（見《補纂仁壽縣志》，卷三，頁8）。吳敬梓記載秀才尋館不易，待遇更差，每年不過幾兩銀子（《儒林外史》，頁28）。部定兵餉：「馬戰兵月支銀二兩，步戰兵一兩五錢，守兵一兩，均月支米三斗。」（《大清會典事例》，卷二十一，頁2）

〔註71〕《黃州府志》，卷二十一，頁62，記載陶廷喜任湖北嘉魚教諭，其父為江陵訓導，祖父為孝感教諭，一門三學博，人以為榮。葉昌熾稱：「得嵩隱都中函，慫恿圖首蓿餐，真知我之言也。二十載依人，杜工部所謂『殘羹與冷炙，到處潛悲辛』，飽嘗此味。若得一教官，可以保全廉恥，課子著書，計無逾於此者。」（葉昌熾，《緣督廬日記》，卷四，頁60）

二、生活情趣與軼事

學官除月課季考等例行公事外，業餘的主要消遣為結集文社、吟詩作文、遊山玩水、種樹蒔花、校書著書〔註72〕等，陶冶身心，怡情益智實是宦場生活中頗富寫意之趣者。

清代嚴禁士人聚眾結社，然而對於純粹借詩酒娛樂或為化導民俗而立之社，則不至於被禁止。有名士氣息的學官，每喜參加或組織詩社，以文會友，借詩酒唱酬往還，可以增進與長官、同僚、士紳或門弟子之情誼。亦有喜獨自吟誦者，例如直隸固安訓導穆得元作〈官舍閒吟〉與〈官舍夜吟〉：

> 邱壑平生志，宦遊仍在山。起居青靄裡，出入翠微間。
>
> 槐繞官衙綠，花當講席殷。課餘無別事，門趁夕陽關。
>
> 廣文官獨冷，此地恰相宜。塞近迎寒早，山深得月遲。
>
> 課書頻翦燭，看劍幾傾巵。吾自尋吾樂，良宵一詠詩。〔註73〕

文人雅士的生活，閒雲野鶴的心情，自然流露在字裡行間。

學署中平日很清靜，如逢學官生日，門生、同僚與鄉紳多來祝壽，或贈詩聯，或送禮物，使冷署平添一番熱鬧與喜氣。陳廷獻任浙江蘭谿教諭三十餘年，八十歲壽辰才奉部令推升國子監典籍，同官沈秋河贈聯云：

> 不病故，不勒休，仙家亦稱上等；
>
> 又升官，又添壽，教官無此下台。

既然如此，這位教官應該高興才對，然而在他重赴鹿鳴歸來後，即對其孫曰：「兒好好讀書，莫效老翁之吃苜蓿盤也。」〔註74〕風趣之餘，兼有落寞之感。苜蓿與青氈是對教官物質生活情況最常見的描述，茲以山東青城訓導董圭的〈青城書事〉一詩為例：

> 臥野平平四望賒，居民無不事桑麻。

〔註72〕 雍正十三年任江西永寧教諭的王緒俊，課士崇尚實學，以經史為根柢，「暇則杜門著書」（《吉安府志》，卷十四，頁61）。

〔註73〕 《固安文獻志》，卷十七，頁37。

〔註74〕 《清代吏治叢談》，卷四，頁653。苜蓿、寒氈皆是形容學官生活清苦之狀。唐薛會之為右庶子時作一詩：「朝日出團團，照見先生盤。盤中何所有，苜蓿長闌杆。飯澀匙難進，羹稀箸易寬。只可謀朝夕，何由保歲寒？」（陳與義撰，胡仲孺箋，《簡齋詩集》，四庫叢刊本，卷五，頁2）胡箋：「杜醉時歌，廣文先生官獨冷」（《簡齋詩集》，卷六，頁3），也許是學官被稱為冷官之來源。

淡煙輕鎖門前柳，遲日嬌添陌上花。

晨市魚鹽喧客旅，夜窗燈火伴儒家。

我來忘卻青氈冷，苜蓿堆盤肯自嗟。〔註75〕

「寒氈」也是形容司鐸「冷官」生活清苦常見的詞，山東壽光士紳梁士鶴應和教官辛少雲之詩：

佳士遙聞十五年，於今屈抑坐寒氈。

知君才大原如海，笑我詩狂欲問天。

後會須訂蓮社約，先期早聚竹林賢。

黃花正喜逢初度，莫爲冷官花不妍。〔註76〕

字裡行間歎惜著辛氏大才卻未受重用的委屈。

不過，學官也有藉作壽以斂財之變相情況，如同打秋風，令人生厭，即毫無情趣可言。這種學官不僅被知府知縣看輕，而且與生員常起齟齬，毫無尊嚴。誠如徐子苓在〈穎上教諭曹君墓誌銘〉中說：

凡爲教官者，恆多方以自拊於府若縣，歲恆麋其生徒括金錢以爲壽，故府若縣視教官如門下客，而生徒之於教官恆相迓而不相親。〔註77〕

茲借學官自作之詩與曲來表現其生活情調，應是對學官生活相當確切的寫實文字。太平訓導吳鼐一次宴於郡齋，即席占二律云：

諸公莫說教官窮，說起窮來分外窮。兩個對頭稱正副，一年餬口仗生童。可憐歲考猶難免，縱有優差也不豐。不信但看鹽典例，三錢倒有二錢銅。

諸公莫說教官窮，說起窮來不算窮。中轎居然安七尺，上台也只打三躬。老夫子叫人人是，外翰林稱個個同。日上三竿猶未起，勝他多少磕頭蟲。〔註78〕

《金壺七墨》作者在《金壺戲墨》裡以詞曲來表達對教官的嘲諷與欣慰。〈教官嘲〉云：

只箇閒曹，埋沒英豪。壯懷都向此中消，枉才高氣高。想當年指望

〔註75〕《青城縣志》，藝文，頁40。

〔註76〕《壽光縣志》，卷十四藝文志下，頁86，〈梁士鶴步辛少雲原韻〉。

〔註77〕《續碑傳集》，卷四十六，頁7。

〔註78〕《清稗類鈔》，詼諧類，頁25。

功名早，到而今低飛倦似投林鳥。要解得一氈清況怎般熬，聽先生自表。（北醉太平）

燕子認新巢，講舍三間沒秋草。說衙門清淡，也要心操。最怕那习學書賣弄蹺蹊，那窮門斗橫貪錢鈔。急公文細看多顛倒，免不得燈前改稿。（南畫眉序）

府城路不遙，謁太尊，同寅共約，趨公敢憚勞？迎學憲排列，跕著受用些，四更門外寒風峭，兩邊檐下秋陽燥。直要等糊貼封條，挨查坐號。（南歸朝歌）

礮聲轟，發案忙飛報。新進的填冊喧囂，我只道來執雉，何須計較？他却要算飛蚨，細與推敲。不是報瓊瑤，投木桃，無情物，不值鴻毛。竟似闈闈場中書欠票，直至累月經年票不銷，還與你爭論多少。（北四門子）

空嗟悼，空嗟悼！儒冠誤，纔知道！徒縈擾，徒縈擾！囊金盡，歸休好！旁人誚，家人笑。說甚麼俸滿邊超，才優舉保！（南雙聲子）

半生蛩負何時了？問少年同學，幾輩上雲霄？這便是老教官的行樂圖兒細細瞧。（尾聲）

接著是〈教官慰〉：

科第傳家，不羨豪華。一官原是舊生涯，得安閒便佳。利名場那有些兒暇？從今做個悠游者，莫道是廣文官冷動嗟呀，再平情細話。（北醉太平）

要算運途嘉，不羨鳴琴更高雅。想簿書錢穀，事亂如麻。可有那幹差員火速行查，那嚴憲札星馳催下。從來宦海風波大，俺只裏心寬不怕。（南畫眉序）

撫台的威嚴洞察，學台的品望清華。只教你叉手三躬同坐下，好男兒一膝由來不屈他。（北喜遷鶯半）

芥紅塵飛不到閒門下，竹院裡翠蓋陰遮，誰與你排隊仗？左書右畫。誰給你伺傳呼？夜月朝花。正是豆含葩，笋吐芽，先生饌，品味清佳。儘好隨意留賓同下榻，只要寒士歡顏願不奢，也算是萬間

廣廈。（北四門子）

多休暇，多休暇！忙甚麼朝和夜！誰傾軋，誰傾軋！管甚麼眞和
假！忘機詐，堪瀟灑，愛你個日暮年華，風流儒雅！（南雙聲子）

無榮無辱無牽掛！看手栽桃李，樹樹盡開花。只又是老教官的安樂
窩兒，晚境佳！（尾聲）〔註79〕

形容學官生涯的辛苦與快樂，嘲諷與欣慰，眞是歷歷如繪，淋漓盡緻。

三、學官退休後的生活

古人雖講七十歲是致仕之年，實際上清代官員多無嚴格的退休之年，其
間個別差異很大。有些學官在任職之時已是相當年長，加上久於其任，卒於
任上者不在少數；也有些學官在致仕後歸里家居，蔬食布衣，生活儉樸，數
十年不入城市〔註80〕，有安享桑榆晚景，悠遊林下，頤養天年之樂；還有些
在退休後就居住在大城市裡〔註81〕。大致上能因老退休的學官，在悠閒歲月
中，除了著書立說、讀書吟詠、養花蒔草、課孫種樹、詩酒自娛之外，行
有餘力，還能退而不休，歸里後發揮專長，講學書院〔註82〕，協助地方官辦
理學務〔註83〕，或繼續在館教化鄉人，作育地方人才，或者繼續行善，教人

〔註79〕黃鈞宰，《金壺七墨全集・金壺戲墨》，卷一，頁6～7。作者於感慨老教官辛
　　　酸的欣慰之後，評論道：「廣文爲外省清高之職，近則老病僵寒，頹然自放者
　　　居之，英年志士不屑也。然而貧賤逼人，科名誤我，雞肋雖無味，得不俯首
　　　甘之乎？宜乎食肉者之不以正眼視也。」

〔註80〕例如：劉開泰爲乾隆四十八年（1783）亞元，嘉慶四年（1799）進士，任山
　　　東萊州府教授告歸後，三十年不入城市，鄉人推爲厚德醇儒（《年平縣志》，
　　　卷七，頁19）。同治九年（1870）舉人、光緒六年（1880）進士，改選山西大
　　　同府教授垂十年的王善士，「晚年辭官歸里，足不履城市」（《昔陽縣志》，卷
　　　三，頁33）。

〔註81〕山東昌樂教諭史延祐，咸豐十一年（1861）拔貢，在任十七年，性慈善，樂
　　　誨不倦，一時知名士欽其德，仰其學，年七十餘認眞評閱課卷，多所成就，「卸
　　　篆後寓省垣」，近九十歲（《昌樂縣續志》，卷二十五，頁4）。方志編者對於致
　　　仕後居住城市的學官僅敘述事實，而對足不履城市者，常予表揚。

〔註82〕例如：嘉慶十二年（1807）舉人何毓鼇，任福建汀州府教授，化被士林，後
　　　以老歸，掌教灉川書院，年八十九卒（《重纂邵武府志》，卷二十四，頁28）。
　　　咸豐二年（1852）舉人，任山東昌樂教諭之郭印川，訓課諸生，勤於其職，
　　　因而名列縣志宦績，「卸篆後主講營陵書院」，評閱課卷，指導楷法，倍極精
　　　審（《昌樂縣續志》，卷二十五，頁4）。

〔註83〕例如：清季葛順昌歷任河南杞縣、商水、光山教諭，以年老休職歸里，許州
　　　州牧聘他辦學務，辭不獲已，始就學董職，幫助推行新式教育（《許昌縣志》，

養蠶，民受其利〔註84〕；更難得的是晚年開墾荒地，保全難民，皆有功於地方〔註85〕。

第三節　社會地位

清代對掌管儒學之官，教導生員之師，總稱為「教官」、「校官」或「學官」、「儒官」，俗稱「老師」或「學老師」，社會上或私人文集中對他們比較尊敬且文雅的稱呼是「廣文」、「學博」或「司鐸」。在官方文書裡，最常見的稱謂是「教官」，由於容易與今日大、中學專管軍訓的「教官」混淆，本文用另一常見的稱呼「學官」。

我國傳統社會尊師重道，將「師」與天地君親相提並論，可見教師地位之高，但只是強調其清高而已。古今社會形態雖有不同，但世俗衡量人的標準，皆不外權勢、官位、財富、品德、學識、能力等項。學官雖無權勢和財富，因為大多出身科舉功名，其社會地位本來即比一般平民為高，只要品德良好，學識廣博，在昔日經濟不富裕的農村社會裡，仍是受到一方尊重的人物。加以在物質生活誘惑力較小的傳統社會中，學官要安貧樂道，潔身自愛，獲得尊重，並非難事；然而若是無行，只有寒酸氣與貪婪相，即易如前一節所言，受人奚落與諷刺。對出身科舉場上的讀書人而言，各類官員都是粥少僧多，儘管學官的待遇不高，常被視為卑微冷官，如同雞肋，但仍是很多人追求卻未必能得到的職務。既然如此，有些人就選擇放棄〔註86〕。

除了學官本身的道德修養、學問造詣、科名高低影響其社會地位外，從學官的官階、求財與升遷機會、學官任職時的態度與心情、時人對擔任教職的欲求強度、對學校的批評等方面，亦可略窺學官的社會地位。

卷十二，頁23）。

〔註84〕例如：康熙年間山東牟平學正王汝嚴，教民養蠶，直到民國初年，人民仍受其利（《牟平縣志》，卷六，頁81）。

〔註85〕例如：道光二十九年（1849）拔貢，選授青城教諭的王孚，咸豐四年城陷，他赴府請兵數日得平，又奉忠親王命舉辦團練，屢建奇功。晚歲開墾沛縣湖荒，保全難民，賴以生存（《續修鉅野縣志》，卷五上，頁6）。

〔註86〕例如：山東茌平歲貢張煥之，貧而好學，有欲為謀訓導一職者，他辭曰：「與其折腰於長官，孰若抱膝以終老？」（《茌平縣志》，卷三，頁14）可見在官員人選供過於求的情形下，欲得訓導，也非易事。又，歲貢范崦於廷試授訓導後說：「課士百里外，寧老鄉塾耳」，可能因非第一志願，遂「辭不就」（《霑化縣志》，卷九，頁5）。

　　一般人常強調學官身負教育士子之重大責任，然而因其品低俸薄、升遷高官的機會不大，只有自願爲師，獻身教育者，才有熱誠與責任感去實心任事〔註 87〕。否則在擔任學官之職後，往往自卑感重於自信心，於是愈感懷才不遇，有志未伸，以致抑鬱不樂，影響教學〔註 88〕。也有些在科舉場上久不得志的讀書人，如咸豐年間拔貢，山東曲阜教諭宋振鯨，父老認爲他是跅弛之士，磊落之才，僅任學官之職，咸抱不平，但他卻能晏然處之，認眞教學，二十年間，人文蔚起〔註 89〕。袁世凱的叔祖袁鳳三任河南禹州訓導近三十年，禹州人士感德受恩，其姪袁保恆於祭文中不無遺憾地稱：「惟以叔父之才之

〔註87〕　《孝感縣志》，卷九，頁 17：「從來秩輕而任鉅者，莫如儒官，蓋奉天子之命以教其邦人士者也。夫邦人士之稱弟子員者，多或五六百人，少亦不下百數十，皆惟教者是視是趨。其必率勵有方，切磋有道，使勤學問蹈繩矩，處循循而出嶽嶽，皆能守其師說，不悖所聞，然後爲稱。」李元度於〈李香泉廣文六十壽序〉云：「吾謂世道升降視人才，人才廢興視學校。內自國子師，外而府州縣諸學博，皆有扶世育才之責。其位之重，稱職之難，實與宰相諫官等。且學校尤宰相百執事所從出之途，學廢則國無與立。然則師儒之重，雖謂過於宰相諫官也亦宜。」（李元度，《天岳山館文鈔》，卷三十一，頁 13）實表現對學官職務最高的推崇。有志教育的學官，自然會有熱誠與責任感，例如廣東羅定州學正何仁鏡懸聯：「秀才須無俗氣，冷官要有熱腸」以爲自況與勉勵（《羅定州志》，卷五，頁 9）。浙江蘭谿訓導沈逢吉書門聯：「讀書人惟這重衙門纏許無妨出入，做官者當此等職分也須有點作爲」，顯示其要有所爲的心境（《光緒蘭谿縣志》，卷四，頁 18）。雲南鎮雄州學正張造說：「士有經世才，其遇分也，其不遇命也。至於窮達，一聽諸自然。循分供職，雖微員末秩，自有當盡之責。」（《浪穹縣志略》，卷九，頁 5）安徽建平教諭劉震曰：「古人隨地建功，吾敢以學官爲卑冷哉？」（《淮安縣志》，卷三十二，頁 36）廣東海陽教諭梁鋙沅曰：「朝廷以教士責學官，人謂教官清閒，非職司其居者也。」（《番禺縣續志》，卷二十二，頁 12）

〔註88〕　《文安縣志》，卷九，頁 59，記載宋稼軒先生有大志，嘗曰：「我輩讀書，不明性理是玩物也，不講考據是空疏也，不登甲科是未成名也，不爲親民之官是未出仕也。」他在六十八歲才被調任直隸永年教職，親朋皆賀，答道：「歲居懸車，居一老司鐸，生平壯志從此灰冷矣！何賀爲？」《樂亭縣志》，卷九，頁 57，記載李清淑「有玉堂品慨，晚終首藇一席，非其志也。」《續纂揚州府志》，卷八，頁 3 記載史炳「拓落冷官，不足展其所學，自題學署楹曰：『博士頭銜官百石，詩人心事厦千間』。」《嘉應州志》，卷二十三，頁 81，記載梁光熙「有經世才，而僅以廣文終，惜哉！」類似此種苦無機會任高官，只得屈就教職者，牢騷自然即多。但康熙四年到任湖南新化教諭的黃士珩，「嘗留意朝章典故，於軍國大務，尤喜講求，隱然有用世意。惜屈於冷曹，未克展其志略也。」他還捐俸修建學廟，纂修新化縣志，可見還是積極任事（《寶慶府志》，卷一○九，頁 25）。

〔註89〕　《續修曲阜縣志》，卷五，頁 55。

德，若早膺民社，必有特出流俗者，樹立當不止此。」〔註90〕一般而言，舉人大多願挑得一等而任知縣〔註91〕，若就地方官與學官二者選一時，肯定是嚮往前者的爲多，其原因正如李元度所云：

> 今功令重親民之官，州縣有人民、有社稷、祿入優裕；而師儒或僅有其名，秩滿考績，高第者裁擢縣令。……而士之職此者，亦遂自居於投閒置散而轉羨乎刑名錢穀刀筆筐篚之紛紛。〔註92〕

學官地位也可以由方志列傳中，學官有傳者的比例低於地方首長知府知縣〔註93〕，可窺見一斑。以地方層級而言，通常地方官職務的重要性與表現機

〔註90〕袁保恆，〈祭禹州訓導三叔父文〉，《項城縣志》，卷二十，頁15。
〔註91〕惲敬，《大雲山房文稿·初集》，卷四，頁137：「海內般繁，朝廷至行省台，皆法令具備，知縣但據案行文書而坐擁脂膏，不肖者遂以爲囊橐；其賢者不日遷去，或十年即建旌節，於是皆願爲一等。」
〔註92〕李元度，《天岳山館文鈔》，卷三十一，頁3。
〔註93〕以福建邵武府爲例，根據《重纂邵武府志》，卷十四職官志，頁15～56統計，將從清初到光緒二十二年各地方官與學官的任職人數、有傳者人數及其比例，列表如下：

職　　位	任職人數	有傳者人數	比　　例
邵武知府	92	10	10.9
邵武知縣	90	18	20
建寧知縣	101	13	12.9
光澤知縣	117	19	16.2
泰寧知縣	90	19	21.1
小　　計	490	79	16.1
邵武府教授	42	1	2.4
邵武府訓導	49	1	2.0
邵武縣教諭	45	3	6.7
邵武縣訓導	40	4	10
建寧縣教諭	42	2	4.8
建寧縣訓導	54	2	3.7
光澤縣教諭	33	2	6.1
光澤縣訓導	43	0	0

會高於學官，因此不僅地方官有傳的人數與比例皆高於學官有傳者，就其記載篇幅而言，也是地方官的內容比學官的豐富。再就清代學官在職官志、職官表或列傳的排序上，被列在地方官之後或之下，也有列在典史等佐貳吏員之後者，比起宋元明歷代的學官多列於通判、判官、同知、推官、縣丞、主簿等佐貳吏員之後，雖與清初裁撤一些沿襲自前代的縣丞等職位有關，仍可見清代學官的地位較前朝略有提高。比上不足，比下有餘，社會大眾對於家中子弟能任學官，也覺堪慰〔註94〕。

　　考察一般視學校爲虛設、學官爲徒擁虛名於群士之上者，因素甚多，例如不肖學官熱心鑽營、藉印紅自贍、老邁闒冗、不堪表率、教學全爲科舉所領導等〔註95〕，後人曾針對這些問題，提出改進辦法。

　　清代地方學官制度是屬於地方行政系統之下的教育系統，但因地方官須兼負該地文教之責，學官亦有熱心地方公務者，都有官師合一的色彩。因此，康熙時就有人由此角度立論，主張以知府攝府學、知州攝州學、知縣攝

泰寧縣教諭	45	3	6.7
泰寧縣訓導	52	3	5.8
小　　計	445	21	4.7

可見清代邵武知府及屬縣知縣有傳者的比例都在 10.9% 以上，平均 16.1%；學官有傳者的比例都在 10% 以下，甚至掛零，平均 4.7%。

〔註94〕 邵武林氏，年二十六夫亡，矢志事翁姑撫子成立，其外孫嚴玉堂七齡喪母，亦賴氏撫育，後官仙遊訓導，氏喜曰：「吾得見外孫成名，願慰矣！」(《重纂邵武府志》，卷二十五，列女節孝，頁75)

〔註95〕 陳熾稱：「近日各省學官，有名無實。」(陳熾，《庸書・內篇》，卷上，頁36～37)。陳澧云：「其餘鄉學，但有孔子廟耳，非學宮也；其教職但作奉祠官耳，非學師也。」(陳澧，《東塾集》，卷五，頁3)。惲敬也稱清代學官，「其不肖者以官冷不可耐，常與府州縣官之不肖者，比而爲熱。熱甚或遷而爲縣，以至爲州府官。或熱甚而敗，或熱未甚而敗，而訓導不掌印，其熱者常與教授、學正、教諭之掌印者相掎，求其以德藝與諸生切磨能其官，往往不可得。」(惲敬，《大雲山房文稿・初集》，卷四，頁34)。《續安陽縣志》，卷八，頁1，編者稱許乾嘉以前之學官，「皆束身禮法，懋厥行修，故鄉居多善士，出仕多循良。士習純厚，文學昌明。」慨嘆乾嘉以後之學官，「以歲俸微薄，藉印紅自贍，詢所職務，則惟守諸生名冊，奉春秋祀典而已。宮牆教室，頹散塵垢，名爲師鐸，徒擁虛聲。」《達縣志》，卷末，頁33 引御史吳鎮奏：「教官多半衰庸，至捐例出，流品愈雜。」邵廷采於〈學校論〉云：「若今之學校，則只爲科目之徑而已，以科目爲學校，病已非一世。」(《清文匯・甲集》，卷五十三，頁27)

縣學，而裁天下學官，但終因受到反對而未能實施〔註96〕。在未有更好的制度取代之前，備受指責的學官制度既然仍有存在的理由，即有改進的必要。

清代學官由吏部銓選，同於一般文官，其本職主要是教導士子之師。顧炎武、黃宗羲等大儒認為學校既是教育士子之所，學官的定位應當是師，而不是官，故不該有官階，應該由公議推選而產生，脫離行政系統而獨立〔註97〕。然而這些意見均未被採納。雍正六年，山西學政勵宗萬建議請將全省學官中文理荒疏、年衰力頹者題請休致〔註98〕。道光二年，御史趙炳奏請慎簡知縣降任教職者〔註99〕。即使間有改善，並未徹底執行。曾任廣東主考官、雲南學政的刑部左侍郎李端棻在光緒二十二年五月奏請推廣學校，主張在京師及府州縣都設學堂，選拔民間俊秀子弟入學，學中課程有經史、各國語文、算學、天文、地理、格致、製造、農、商、兵、礦、時事、交涉等項，按級分授〔註100〕。他已注意到教育規模應注重全面普及，教學內容應講求實用學問。後來的教育革新就朝此方向前進，例如京師大學堂即因他的建議而成立。

學官之社會地位固然因其個人品學與表現而異，無法一概而論，但是此一身為士民典範者的一般表現，尤易受人注目。由時人對學校與學官制度的

〔註96〕給事中王命岳，〈乞留教職疏〉：「臣聞近者廷議，欲裁天下教官。蓋謂知府即可兼攝府學，知縣即可兼設縣學，則各學教官似屬贅員，裁其薪俸，足以佐兵餉之萬一也。」他認為為了約束生員、奉祀先聖，學官實不可廢，且以「使天下後世，謂裁聖廟之員，廢弟子之師，自今日始，大非美談，甚傷治體」為勸，學官一職，得以不廢（《皇朝經世文編》，卷十八，頁9）。
〔註97〕馮桂芬，〈重儒官議〉云：「蓋教官者，師也。師在天下則尊於天下，在一國則尊於一國，在一鄉則尊於一鄉，無常職亦無常品，惟德是視。顧氏炎武曰：『師道之亡，始於赴部候選。』又曰：『教官必聘其鄉之賢者以為師，而無隸於仕籍。』……擇師之法，勿由官定，令諸生各推本郡及鄰郡鄉先生有經師人師之望者一人，官合其所推最多者聘之。」（馮桂芬，《校邠廬抗議》，頁53～54）。黃宗羲主張學官由郡縣公議聘除，不孚眾望者罷免之（黃宗羲，《明夷待訪錄》，學校篇）。黎庶昌亦主張：「郡縣學官毋得出自選除，應由郡縣公議。」（黎庶昌，《拙尊園叢稿》，卷一，頁13）
〔註98〕勵宗萬奏請學官中，「年壯才優，學問淹通者，調以大學要缺；文理平通者，調以中缺；其年雖已邁，尚能辦事，文亦平通者，調以小學之缺。」（《皇朝經世文編》，卷五十七，頁15）
〔註99〕趙炳奏稱：「此等衰庸之員，即令其司鐸，安望其實心化導，克稱厥職乎？……其實缺人員履任在半年外者，才不勝任，即概予休致，不得因其正途出身，率請改教。」（《大清會典事例》，卷七十二，頁17）
〔註100〕《皇朝經世文新編》，卷五上，頁3。

－115－

推崇、期望、批評與建議中，可見此一制度目標在於興學育才，本意甚善，然因政府任用學官之態度與待遇，自始即不合宜。這種待遇導致除淡泊名利者外，徒然助長學官的自卑心理與貪婪行為，破壞學官的整體形象甚大。其後積弊愈深，亦未見有何大刀闊斧的改革措施，使其臻於健全，以期適應時代要求，僅是任其因循，形同虛設〔註101〕，直到廢除為止。

〔註101〕《許昌縣志》，卷五，頁 1，大致比較清初和清季的學官課士情形稱：「按清初時學正、訓導猶每月召集諸生講經課藝，其後寖成故事，至宣統三年變章裁缺。」《林縣志》的編纂者也認為清中葉後，「此時教官職務不過典諸生年籍，掌春秋祭祀，黌宮校舍，僅存其名。以言培養人材，瞠乎遠矣。」（《林縣志》，卷七，頁 1）清季教官不認真督課，社會形象最差，「迨清季教典廢弛，弟子員入學，納贄一課文藝，即為竣事。教官除索欠贄，較多寡外，初無講授課業之事實。教職陵夷，不堪追述。民國元年教諭缺裁撤。」（《重修正陽縣志》，卷三，頁7）儘管清代學官整體形象欠佳，但無礙於個別表現良好、認真教導的學官，例如：《光山縣志》文苑傳，頁5，記載道光甲辰選授滎陽教諭易理精，生平教學以經學為根柢，唾棄漢學之支離與宋學之迂拘，其議論以經世為要，坐而言即起而行，故門生能變迁腐為有用。「滿清設教職本閒官，與諸生常終年不相問。邑士聞理精學行與往昔學官迥異，群趨學宮求學。理精整躬教誨，口講指畫，孜孜不倦，闔邑稱為真教諭云。」

第七章　結　論

　　我國自古即重視教育工作，地方教育行政經歷長時期的發展，至宋代即已粗具規模，元明兩代繼續興建學校，地方儒學制度到了清代已步入完成階段。清代地方學校之精神遠紹商周，制度則近承元明，普及至每一府州縣都設有儒學，理應能推展地方教育，然而歷時兩百多年，其推行成效除有硬體建設外，更重要的是與掌管學校的學官制度設計和執行有關，學官的素質、學養、待遇、獎懲、社會地位等，都會影響學官工作態度是否積極，進而影響學官的整體形象。以下就制度與人事兩方面加以檢討：

一、就制度設計與執行方面而言

　　清代各府廳州縣學之主要目的在監督生員，儲備與造就少量的行政人才，從通過縣試、府試與院試後入學的生員，到各省鄉試錄取的舉人以及首都會試、殿試錄取的進士，都有一定的名額，士子追逐這塊名額有限的大餅，競爭極為激烈，受科舉制約的學校教育，無法期望有開創性之發展；其次，先秦百家爭鳴的盛況，受漢代獨尊儒術的影響，儒家顯得一枝獨秀，孔子的地位愈來愈崇高，學校裡只祭祀孔子與合乎儒家道德標準的往聖先賢，缺乏不同思想的激盪與對話，由於注重培養精英，遂無大規模推行普及教育之必要與構想。少數有幸能進入學泮，取得最低功名「生員」之士子，或者兢兢業業於一再參加鄉會試，重複學習並寫作空疏的八股帖括，即使中舉、成為進士或出貢而擔任官職以後，即須經過摸索，才有獨當一面之能力；或者因錄取率過低，更多人是得到生員即已滿足，無論居家授徒或尋館舌耕，又以八股文教育下一代。這種以博取科名為學習目標，學非所用，與社會實

際需求脫節的教育方式，對當時眾多不得志之士子而言，實是消耗心智，浪費人才。在科舉領導下的學校教育只偏重經史詩文等方面的學習與著作，此外即被視作壯夫不爲的雕蟲小技，「學術」被侷限在只合乎儒家範疇者爲正道，而且即使同爲儒學，在清代又有漢學宋學之爭，揚程朱抑陸王之舉，完全以統治集團階層之安全與利益考量爲依歸，學術易淪爲政治的附庸而趨於偏枯。

清代地方政府組織有兩個系統，一爲督撫、司道、郡守、牧令層層節制的行政系統，一爲各省學政與府學教授、州學學正、縣學教諭、各學訓導等附屬於行政系統的教育行政系統。清代政府功能未趨專業化，仍有政教合一、官師合一等思想，故地方官須負文教之責，有些積極參與教學工作；學官亦可上書談論政事或受委託代辦許多行政事務，致使政治與教化很難完全切割。所謂教化，例如習禮儀、明經訓、示程式、振士習、正文體等，皆不出倫理道德與科舉考試的範圍，而非生活上必需的知能。偏重品德修養與先賢垂訓的教育，可以造就謹守規範的君子，或培養傳統治術的人才，在傳統社會尚可維持，但遇到近代以來的變局，即難以快速調適。

清制規定學官兼管文武生員，而學官出身文舉，習武事者極少，難以督導武生。社會風氣重文輕武，武生益不自愛，每每危害鄉里。清代將才出身武舉者亦少，可見武生員的教育是清代學校教育中最弱的一環，即與此缺乏專業化與不合適的制度有關。不過，清代地方儒學若與早已名存實亡的陰陽學、醫學、僧會司、道會司等官署相比，可說是天之驕子，獨占優勢；儒學教官的施展空間，遠大於其他有名無實、名不見方志的陰陽學、醫學、僧道部門的負責人。另一方面，清代官員名額有限，學官制度畢竟提供許多讀書人一條出路與選擇，紓解政治與社會壓力，否則仕途將更爲壅塞，對讀書人與社會都不利。僅就此點而言，學官制度已發揮其正面效益。

二、就主持學校制度的人員——地方學官而言

制度的執行者是人，其才力與所得酬勞俱足以影響制度落實之後的成敗得失。綜合第三、四章各統計表可見，清代地方學官的出身從進士到生員皆有，進士出身之教授比例高達 26.5%，學正 1.3%、教諭和訓導都不到 1%。就整體而言，以舉人與正貢爲主，舉人出身者平均 39.5%，約占四成，正貢 31.3%。學官的任期相當長久，平均在一地任期達三年以上者 27.3%，九年以

上者有 15.5%。學官的任地絕大多數都在本省，受迴避本籍法令的限制，須任職他府，不必遠赴他省，便於工作與侍親，正是吸引一些取得功名之士願意擔任學官的誘因之一。另一方面，以學官籍貫言，各省都以人文薈萃的首府居多，一般約近兩成，如廣東、湖南等省，首府出生的學官分別爲該省的33.3% 與 25.2%，這些數字顯示各省文風分布的情形，因地而異。至於學官任職時的年齡多已偏高，其中不乏有學識與經驗者，本是較爲有利於地方學校教育發展的客觀條件，然而受到制度的限制，學官品位低、俸入少、升遷到高級官位的機會不多，除非甘於淡泊、不喜繁劇、樂於教學，或爲事親便利、自己年高，爲免於長途跋涉著想，自願就任或改任教職，否則大多不願久居此職，以至於影響敬業精神。

清代學官的數量多，素質良莠不齊，對不學有術、唯利是圖者，即使有法律制裁和輿論指責，亦難期有盡心教導生員、化民成俗之功；而學行兼優者則多能以身作則，勤於教學、認眞考課、公平地舉優報劣、積極地旌表節孝、熱心地從事各種公益與文教活動，達成矯正士習、振興文風、維持社會秩序與純樸風氣等功能。這類典型學官不僅能振興一時一地之文教，而且藉著與當地群眾之接觸，經管上司交代之任務，進而發揮其影響力，達到安定社會秩序之成效，可稱立功。

清代地方學官除不知自重者外，大多深受儒家思想薰陶，躬行實踐，有自信心與責任感，行有餘力，還頗能有所表現。學官多係功名中人，若能修養德性，精進學問，自然受人尊重，加上福澤及民，受一地之人愛戴。其注重忠孝、仁愛、勤樸、清廉等傳統美德，可謂立德；他們的著作數量雖不多，且以詩文經史爲主，也可說是立言。儘管學官被人們認爲是「冷官」、「微官」，其功業遠不及大儒達官之耀眼，只要肯盡責，不乏立小功、行善德與發微言之機會。因此，雖然清代地方學校不如理想之處甚多，學官備受指責者亦不乏其例，但若因而即謂學官爲冗員、學校同虛設，實非持平之論。

列入方志傳中的清代學官，大多恪守儒家訓言，注重實踐功夫，具有相當強烈的保守性與衛道意識，在宏揚傳統文化與維持社會風教方面的績效，值得肯定與重視。但居沿海沿江，接觸社會變遷新風氣之先的學官，也有不少特別留心時務者。一般而言，學官由於人微言輕，在推動中國教育近代化的過程中，他們的發言自然遠不如層級較高的督撫、學政之受到重視，但是他們在轉任勸學所職務後，在建立新式學堂的行動方面，仍有其貢獻。

　　清代地方學官隨著清季新式教育的興起而終被裁撤，成為歷史名詞，他
們的個別表現，已載入方志或史冊，甚至入祀名宦祠、鄉賢祠、忠孝祠等，
受到後人景仰，至為不易。他們主要的工作場所——各地文廟或學宮，後來
的發展各異，許多受自然與人為因素影響而破壞，有些不幸消失，有些僅存
大成殿，最幸運的是被修復，成為具有多重效益的古蹟。與觀光效益帶來的
經濟功能相比，孔廟作為傳承儒家思想的載體，宏揚傳統教化精神的象徵，
體現其在歷史文化上的價值，則更形重要。總之，清代地方學官制度的演變
是值得後世留意的體系，學官是個值得重視的群體。

徵引書目

一、方 志

（註明「學生」、「成文」、「華文」者，分別爲台北學生書局、成文出版社、華文書局影印本，未註明者爲中央研究院歷史語言研究所傅斯年圖書館度藏之線裝書）

（一）河北省

1. 《光緒順天府志》，周家楣等修，張之洞等纂，光緒 12 年修，28 年重刊本。
2. 《永平府志》，游治開修，史夢蘭纂，光緒 5 年刊本，學生。
3. 《天津府志》，沈家本修，徐宗亮纂，光緒 25 年刊本，學生。
4. 《正定府志》，鄭大進修，乾隆 27 年刊本，學生。
5. 《廣平府志》，吳中彥修，胡景桂纂，光緒 20 年刊本，學生。
6. 《清苑縣志》，金良驥等修，姚壽昌等纂，民國 23 年鉛印本，成文。
7. 《良鄉縣志》，周志中修，呂植等纂，民國 13 年鉛印本，成文。
8. 《固安縣志》，陳崇砥等纂，咸豐 9 年刊本，成文。
9. 《固安文獻志》，賈廷琳修纂，民國 17 年鉛印本，成文。
10. 《東安縣志》，李光昭纂修，民國 20 年鉛字重印本，成文。
11. 《香河縣志》，王葆安等修，馬文煥等纂，民國 25 年鉛印本，成文。
12. 《房山縣志》，馮慶瀾等修，高書官等纂，民國 17 年鉛印本，成文。
13. 《霸縣新志》，劉廷昌等修，劉崇本等纂，民國 17 年鉛印本，成文。
14. 《涿縣志》，宋大章等修，周存培等纂，民國 25 年鉛印本，成文。
15. 《通州志》，高建勳等修，王維珍纂，光緒 5 年鉛印本，成文。

16. 《薊州志》，沈銳修，章過等纂，道光 11 年刊本，學生。

17. 《光緒昌平州志》，吳履福等修，繆荃孫等纂，光緒 12 年刊本，成文。

18. 《寶坻縣志》，洪肇楙修，蔡寅斗纂，乾隆 10 年修，民國 6 年重印本，成文。

19. 《順義縣志》，李芳等修，楊得馨等纂，民國 22 年鉛印本，成文。

20. 《密雲縣志》，臧理臣等修，宋慶煦纂，民國 3 年鉛印本，成文。

21. 《靜海縣志》，白鳳文等修，高毓浵等纂，民國 23 年鉛印刊本，成文。

22. 《平谷縣志》，李興焯修，王兆元纂，民國 23 年鉛印本，成文。

23. 《青縣志》，萬震宵修，高遵章等纂，民國 20 年鉛印本，成文。

24. 《滄縣志》，張坪等纂修，民國 22 年鉛印本，成文。

25. 《慶雲縣志》，潘國詔修，崔旭纂，咸豐 5 年刊本，成文。

26. 《南皮縣志》，王德乾等修，劉樹鑫纂，民國 21 年鉛印本，成文。

27. 《吳橋縣志》，倪昌燮修，馮慶揚等纂，光緒元年刊本，成文。

28. 《盧龍縣志》，董天華修，胡蔭麟纂，民國 20 年鉛印本，成文。

29. 《阜城縣志》，陸福宜修，時珍等纂，雍正 12 年刊本，成文。

30. 《交河縣志》，高步青修，苗毓芳等纂，民國 5 年刊本，成文。

31. 《臨榆縣志》，趙允祜修，高錫疇等纂，光緒 4 年刊本，成文。

32. 《豐潤縣志》，牛昶煦等修，光緒 17 年修，民國 17 年鉛字重印本，成文。

33. 《初續獻縣志》，李昌祺等修，咸豐 7 年刊本，成文。

34. 《撫寧縣志》，張上龢修，史夢蘭纂，光緒 3 年刊本，成文。

35. 《昌黎縣志》，陶宗奇等修，張鵬翔等纂，民國 22 年鉛印本，成文。

36. 《灤州志》，楊文鼎、王大本等纂，光緒 24 年刊本，成文。

37. 《樂亭縣志》，史夢蘭纂，光緒 3 年刊本，成文。

38. 《滿城縣志》，陳寶生修，陳昌源等纂，民國 20 年鉛印本，成文。

39. 《定興縣志》，張主敬等修，楊晨纂，光緒 16 年刊本，成文。

40. 《新城縣志》，侯安瀾等修，王樹枏等纂，民國 5 年刊本，成文。

41. 《文安縣志》，陳楨修，李蘭增等纂，民國 11 年鉛印本，成文。

42. 《蠡縣志》，韓志超等修，張璿纂，光緒 2 年刊本，成文。

43. 《束鹿五志合刊》，謝道安修，民國 26 年鉛印本，成文。

44. 《高陽縣志》，李大本修，李曉洽等纂，民國 22 年鉛印本，成文。

45. 《望都縣志》，王德乾修，崔蓮峰等纂，康熙 17 年刊本，成文。

46. 《容城縣志》，曹鵬等修，吳司忠等纂，光緒 22 年刊本，成文。

47. 《直隸定州志》，寶琳等纂修，道光 29 年刊本，成文。

48. 《贊皇縣志》，趙萬泰等纂修，光緒 2 年刊本，成文。

49. 《井陘縣志》，王肇晉等纂，民國 23 年鉛印本，成文。

50. 《重修新樂縣志》，雷鶴鳴等修，趙文濂等纂，光緒 11 年刊本，成文。

51. 《直隸易州志》，張登高修，乾隆 12 年刊本，學生。

52. 《無極縣續志》，曹鳳來修，光緒 19 年刊本，成文。

53. 《淶水縣志》，陳杰纂修，光緒 21 年刊本，成文。

54. 《廣昌縣志》，劉榮懋修，光緒元年刊本，成文。

55. 《完縣新志》，彭作楨等修，民國 23 年鉛印本，成文。

56. 《重修武強縣志》，翟慎行纂修，道光 11 年刊本，成文。

57. 《元城縣志》，吳大鏞修，王仲蛙纂，同治 11 年刊本，成文。

58. 《大名縣志》，程廷恆等修，洪家祿等纂，民國 23 年鉛印本，成文。

59. 《東明縣新志》，任傳藻修，穆祥仲等纂，民國 22 年鉛印本，成文。

60. 《續修長垣縣志》，觀祜等修，齊聯芳纂，同治 12 年刊本，成文。

61. 《永年縣志》，夏詒鈺等修，光緒 3 年刊本，成文。

62. 《光緒邢台縣志》，戚朝卿修，周祜纂，光緒 31 年刊本，成文。

63. 《南和縣志》，周章煥纂修，乾隆 14 年刊本，成文。

64. 《廣宗縣志》，姜榏榮修，韓敏修等纂，民國 22 年鉛印本，成文。

65. 《內邱縣志》，施彥士纂修，道光 12 年刊本，成文。

66. 《任縣志》，王億年修，劉書旂纂，民國 4 年鉛印本，成文。

67. 《增修磁縣縣志》，黃希文等編輯，民國 30 年鉛印本，成文。

68. 《雞澤縣志》，王光燮原修，王錦林增訂，乾隆 31 年刊本，成文。

69. 《邯鄲縣志》，李世章等修，民國 28 年刊本，成文。

70. 《成安縣志》，張應麟修，張永和纂，民國 12 年鉛印本，成文。

71. 《清河縣志》，黃汝香、劉鸞翺等修，光緒 9 年刊本，成文。

72. 《高邑縣志》，王天傑、宋女華纂，民國 22 年鉛印本，成文。

73. 《冀縣志》，王樹枏纂，民國 18 年鉛印本，成文。

74. 《新河縣志》，傅振綸纂，民國 18 年鉛印本，成文。

75. 《棗強縣志補正》，方宗誠纂修，光緒 2 年刊本，成文。

76. 《趙州屬邑志》，孫傳栻纂修，光緒 23 年刊本，成文。

77. 《寧晉縣志》，蘇毓琪等修，張震科等纂，民國 17 年石印本，成文。

（二）河南省

1. 《開封府志》，顧芪等修，管竭忠纂，康熙 34 年刊本，同治 2 年補刊本。

2. 《歸德府志》，陳錫雒等修，查昌歧纂，乾隆 19 年刊本。

3. 《彰德府志》，盧崧修，江大鍵等纂，乾隆 52 年刊本，學生。

4. 《衛輝府志》，德昌修，徐朗齋等纂，乾隆 53 年刊本，學生。

5. 《陳州府志》，崔應皆修，姚之琅纂，乾隆 11 年刊本。

6. 《河南府志》，施誠修，章鈺纂，乾隆 44 年刊本。

7. 《南陽府志》，朱璘纂修，康熙 33 年刊本，學生。

8. 《南陽府志》，孔傳金纂修，嘉慶 12 年刊本。

9. 《汝寧府志》，德昌修，王增等纂，嘉慶元年刊本。

10. 《懷寧府志》，唐應階修，洪亮吉等纂，乾隆 54 年刊本，學生。

11. 《祥符縣志》，沈傳義等修，黃舒昺纂，光緒 24 年刊本。

12. 《陳留縣志》，武從超修，趙文琳纂，宣統 2 年石印本。

13. 《杞縣志》，周璣修，朱璪等纂，乾隆 53 年刊本。

14. 《通許縣志》，阮龍光修，邵百祐纂，乾隆 35 年刊本。

15. 《尉氏縣志》，劉厚滋等修，王觀潮纂，道光 11 年刊本。

16. 《洧川縣志》，何文明纂修，嘉慶 23 年刊本。

17. 《鄢陵縣志》，何鄢聯修，洪符孫纂，道光 13 年刊本。

18. 《中牟縣志》，吳若烺修，焦子藩等纂，同治 9 年刊本。

19. 《中牟縣志》，蕭德馨等修，熊紹龍纂，民國 25 年石印本，成文。

20. 《蘭封縣志》，紀黃中等纂修，乾隆 29 年修，民國 24 年鉛字重印本。

21. 《禹州志》，朱煒修，姚椿等纂，道光 15 年刊本，同治 9 年增刊本，學生。

22. 《禹縣志》，陳嘉垣纂修，民國 24 年刊本。

23. 《密縣志》，汪忠修，呂林鐘等纂，民國 12 年鉛印刊本。

24. 《新鄭縣志》，黃本誠纂，乾隆 41 年刊本。

25. 《商邱縣志》，劉德昌修，葉澐纂，康熙 44 年刊本，成文。

26. 《寧陵縣志》，王圖寧修，王肇棟纂，康熙 32 年刊本。

27. 《光緒鹿邑縣志》，于滄瀾等修，蔣師轍纂，光緒 22 年刊本。

28. 《夏邑縣志》，黎德芬等纂修，民國 9 年石印刊本。

29. 《光緒永城縣志》，岳廷楷修，胡贊采等纂，光緒 27 年刊本。

30. 《虞城縣志》，李琪修，席慶雲纂，光緒 21 年刊本。

31. 《續修睢州志》，王玫修，徐紹康纂，光緒 18 年刊本，學生。

32. 《考城縣志》，張之清修，田春同纂，民國 13 年鉛印本。

33. 《柘城縣志》，元淮等纂修，光緒 22 年刊本。

34. 《懷寧縣志》，永銘修，趙任之等纂，道光 6 年刊本。

35. 《淮陽縣志》，嚴緒鈞修，朱撰卿纂，民國 5 年修，22 年重刊，成文。

36. 《商永縣志》，徐家璘等修，楊凌閣等纂，民國 7 年刊本。

37. 《西華縣志》，宋恂修，于大猷纂，乾隆 19 年刊本。

38. 《西華縣續志》，張嘉謀等修，民國 27 年鉛印本，成文。

39. 《項城縣志》，劉鎔等修，施景順等纂，宣統 3 年修，民國 3 年石印本，成文。

40. 《沈邱縣志》，何源洙等修，魯之璠等纂，乾隆 11 年刊本。

41. 《太康縣志》，杜鴻賓等修，劉盼遂纂，民國 22 年鉛印本。

42. 《光緒扶溝縣志》，熊燦修，張文楷等纂，光緒 19 年刊本。

43. 《許州志》，蕭元吉修，李堯觀等纂，道光 18 年刊本。

44. 《重修臨潁縣志》，陳垣等修，民國 4 年刊本。

45. 《襄城縣志》，汪運正纂修，乾隆 10 年刊本。

46. 《鄢城縣志》，陳金台纂，民國 23 年刊本。

47. 《長葛縣志》，陳鴻疇修，張蔚藍校補，民國 20 年鉛印本。

48. 《鄭州志》，張鉞等修，毛如詵等纂，乾隆 13 年刊本，學生。

49. 《鄭縣志》，周秉彝等修，劉瑞璘等纂，民國 5 年刊本，成文。

50. 《滎陽縣志》，李煦修，李清纂，乾隆 11 年刊本，學生。

51. 《河陰縣志》，申奇彩修，毛泰徽等纂，康熙 30 年刊本。

52. 《滎澤縣志》，崔淇修，王博等纂，乾隆 11 年刊本。

53. 《汜水縣志》，田金祺修，趙東階等纂，民國 17 年鉛印本。

54. 《汲縣志》，徐汝瓚修，杜崑纂，乾隆 20 年刊本。

55. 《續武陟縣志》，史延壽等修，王士傑等纂，民國 20 年刊本，成文。

56. 《安陽縣志》，貴泰修，武穆淳纂，嘉慶 24 年刊本，成文。

57. 《續安陽縣志》，方策修，王幼儒纂，民國 22 年鉛印本。

58. 《臨漳縣志》，周秉彝修，周壽梓纂，光緒 30 年刊本。

59. 《重修林縣志》，張鳳台修，李見荃纂，民國 21 年石印本，成文。

60. 《內黃縣志》，董慶恩修，陳熙春等纂，光緒 18 年刊本。

61. 《武安縣志》，蔣光祖修，夏兆豐纂，乾隆 4 年刊本。

62. 《涉縣志》，戚學標纂修，嘉慶 4 年刊本。

63. 《新鄉縣續志》，韓邦孚等修，田芸生等纂，民國 12 年刊本。

64. 《河南獲嘉縣志》，鄒古愚纂，民國 24 年鉛印本。

65. 《輝縣志》，周際華修，戴銘等纂，道光 15 年刊，光緒 21 年補刊本。

66. 《濬縣志》，龍象階修，武穆淳纂，嘉慶 6 年刊本。

67. 《續濬縣志》，黃璟修，李作霖纂，光緒 12 年刊本，成文。

68. 《滑縣志》，姚錕等修，徐光第等纂，同治 6 年刊本。

69. 《封邱縣續志》，孟繆等修，李承緒纂，康熙 36 年刊本。

70. 《河内縣志》，袁通修，方履籛纂，道光 5 年刊本。

71. 《濟源縣續志》，何荇芳修，劉大觀纂，嘉慶 18 年刊本。

72. 《原武縣志》，吳文炘修，何遠等纂，乾隆 12 年刊本。

73. 《修武縣志》，焦封桐等纂，民國 20 年鉛印本。

74. 《孟縣志》，阮藩儕修，宋立梧等纂，民國 22 年刊本。

75. 《溫縣志》，王其華修，苗于京等纂，乾隆 24 年刊本。

76. 《陽武縣志》，寶經魁等修，耿惜等纂，民國 25 年鉛印本。

77. 《洛陽縣志》，魏襄修，陸繼輅纂，嘉慶 18 年刊本。

78. 《陝州直隸州志》，趙希曾修，杜景暹等纂，光緒 17 年刊本。

79. 《陝縣志》，姜筧等修，郭景泰纂，咸豐 9 年刊本。

80. 《陝縣志》，歐陽珍修，韓嘉會纂，民國 25 年鉛印本，成文。

81. 《偃師縣志》，湯毓倬修，孫星衍等纂，乾隆 51 年刊本。

82. 《鞏縣志》，劉蓮青、張仲友纂修，民國 27 年刊本，成文。

83. 《孟津縣志》，孟常裕原本，徐元燦增訂，康熙 48 年增補刊本。

84. 《宜陽縣志》，謝應起修，陳一經等纂，光緒 7 年刊本，成文。

85. 《登封縣志》，陸繼萼修，洪亮吉纂，乾隆 53 年刊本。

86. 《永寧縣志》，張楷修，王鳳翔纂，民國 6 年鉛印本。

87. 《新安縣志》，張鈁修，李希白纂，民國 27 年石印本。

88. 《澠池縣志》，甘揚聲纂修，嘉慶 15 年刊本。

89. 《嵩縣志》，康基淵纂修，光緒 33 年刊本。

90. 《靈寶縣志》，孫椿榮、張烈等纂修，民國 24 年鉛印本。

91. 《新修閡鄉縣志》，韓嘉會纂修，民國 21 年鉛印本，成文。

92. 《盧氏縣志》，郭光澍修，光緒 18 年刊本。

93. 《直隸汝州全志》，白明義修，趙林或等纂，道光 20 年刊本，成文。

94. 《寶豐縣志》，李彷梧修，耿興宗等纂，道光 17 年刊本。

95. 《重修伊陽縣志》，張道超修，馬九功等纂，道光 18 年刊本。

96. 《重修信陽縣志》，陳善同等纂，民國 25 年鉛印本，成文。

97. 《南陽縣志》，潘守廉修，張嘉謀等纂，光緒 30 年刊本。

98. 《南召縣志》，陳之焵等修，曹鵬翊等纂，乾隆 11 年刊本。

99. 《鎮平縣志》，吳聯元修，王翊運等纂，光緒2年刊本。
100. 《唐縣志》，黃文蓮修，吳泰來纂，乾隆51年刊本。
101. 《泌陽縣志》，倪明進修，栗郢纂，道光8年刊本。
102. 《桐柏縣志》，鞏敬緒修，李南暉纂，乾隆18年刊本。
103. 《鄧州志》，蔣光祖修，姚之烺等纂，乾隆20年刊本。
104. 《內鄉縣志》，寶鼎望修，高佑紀纂，康熙32年刊本。
105. 《新野縣志》，徐金位纂修，乾隆19年刊本。
106. 《舞陽縣志》，王德瑛纂修，道光15年刊本。
107. 《葉縣志》，歐陽霖修，倉景悟等纂，同治10年刊本。
108. 《重修汝南縣志》，陳伯嘉修，李成均等纂，民國27年石印本。
109. 《重修正陽縣志》，魏松聲等纂，民國25年鉛印本，成文。
110. 《新蔡縣志》，莫璽章修，王增纂，乾隆60年刊本。
111. 《西平縣志》，陳銘鑑纂，民國23年刊本，成文。
112. 《遂平縣志》，金忠濟修，祝晹等纂，乾隆24年刊本。
113. 《確山縣志》，張縉璜纂，民國20年鉛印本。
114. 《羅山縣志》，葛荃修，李之杜等纂，乾隆11年刊本。
115. 《光州志》，楊修田修，馬佩玖等纂，光緒12年刊本。
116. 《光山縣志約稿》，晏兆平纂，民國25年鉛印本，成文。
117. 《固始縣志》，謝聘修，洪亮吉等纂，乾隆51年刊本。
118. 《息縣志》，劉光輝修，任鎮及等纂，嘉慶4年刊本。
119. 《商城縣志》，武開吉修，周之驥等纂，嘉慶8年刊本。
120. 《淅川廳志》，徐光第纂修，咸豐10年刊本。

（三）江蘇省

1. 《重刊江寧府志》，呂燕昭修，姚鼐纂，嘉慶16年刊本。
2. 《續纂江寧府志》，蔣啓勳等修，汪士鐸等纂，光緒6年刊本，成文。
3. 《淮安府志》，衛哲治等修，顧棟高等纂，乾隆13年刊本。
4. 《淮安府志》，孫雲錦修，吳昆田等纂，光緒10年刊本。
5. 《重修揚州府志》，阿克當阿修，張世浣等纂，加慶15年刊本。
6. 《續纂揚州府志》，英傑修，晏端書等纂，同治13年刊本，成文。
7. 《同治徐州府志》，失忻修，劉庠等纂，同治13年刊本，成文。
8. 《蘇州府志》，李銘皖等修，馮桂芬等纂，光緒9年刊本，成文。
9. 《松江府志》，宋如林等修，英晉、孫星衍等纂，嘉慶24年刊本，成文。

10. 《松江府續志》，博潤修，姚光發等纂，光緒 10 年刊本。

11. 《常州府志》，于琨修，陳立璂等纂，康熙 34 年修，光緒 12 年木活字重印本。

12. 《丹徒縣志》，何紹章等修，呂耀斗等纂，光緒 5 年刊本，成文。

13. 《同治上江兩縣志》，莫祥雲等修，汪士鐸等纂，同治 13 年刊本，成文。

14. 《溧水縣志》，傅觀光等修，丁維誠纂，光緒 8 年刊本。

15. 《高淳縣志》，楊福鼎修，陳嘉謀等纂，光緒 7 年刊本。

16. 《丹陽縣志》，劉誥等修，徐錫麟等纂，光緒 11 年刊本。

17. 《丹陽縣續志》，胡爲和等修，孫國鈞等纂，民國 15 年刊本。

18. 《金壇縣志》，丁兆基等修，汪國鳳等纂，光緒 11 年木活字印本。

19. 《重修金壇縣志》，馮煦等纂，民國 10 年鉛印本，成文。

20. 《溧陽縣續志》，朱畯等修，馮煦等纂，光緒 25 年刊本。

21. 《上海縣續志》，吳馨等修，姚文枬等纂，民國 7 年刊本，成文。

22. 《重修華亭縣志》，楊開第修，姚光發等纂，光緒 4 年刊本。

23. 《婁縣續志》，汪坤厚等修，張雲望等纂，光緒 5 年刊本。

24. 《光緒南匯縣志》，金福曾等修，張文虎等纂，光緒 5 年刊本。

25. 《青浦縣志》，陳其元等修，熊其英等纂，光緒 5 年刊本。

26. 《青浦縣續志》，張仁靜等纂，民國 23 年刊本。

27. 《重修奉賢縣志》，韓佩金修，張文虎等纂，光緒 4 年刊本，成文。

28. 《金山縣志》，龔寶琦等修，黃厚本等纂，光緒 4 年刊本。

29. 《川沙廳志》，陳方瀛修，俞樾纂，光緒 5 年刊本，學生。

30. 《太倉州志》，王祖畬等纂，民國 7 年刊本。

31. 《嘉定縣志》，程其珏修，楊震福纂，光緒 8 年刊本。

32. 《嘉定縣續志》，陳傳德修，黃世祚纂，民國 19 年鉛印本。

33. 《寶山縣志》，梁浦貴等修，朱延射等纂，光緒 8 年刊本。

34. 《寶山縣續志》，張允高等修，錢淦纂，民國 10 年鉛印本。

35. 《崇明縣志》，譚泰來修，李聯琇等纂，光緒 7 年刊本。

36. 《吳縣志》，吳秀之等修，曹允源等纂，民國 22 年鉛印本，成文。

37. 《常昭合志稿》，鄭鍾祥等修，龐鴻文纂，光緒 30 年刊本。

38. 《崑新兩縣續修合志》，吳金瀾等修，汪堃等纂，光緒 7 年刊本，成文。

39. 《吳江縣續志》，余福曾等修，熊其英纂，光緒 5 年刊本。

40. 《光緒武進陽湖縣志》，王其淦等修，楊成烈等纂，光緒 5 年刊本。

41. 《無錫金匱縣志》，裴大中等修，秦緗業纂，光緒 7 年刊本，成文。

42. 《光宣宜荊續志》，陳善謨纂修，民國 9 年刊本。

43. 《江陰縣志》，盧思誠等修，季念詒等纂，光緒 4 年刊本。

44. 《通州直隸州志》，果悦馨等修，季念詒等纂，光緒 12 年刊本，成文。

45. 《如皋縣志》，楊受廷等修，馬汝舟等纂，嘉慶 13 年刊本，成文。

46. 《如皋縣續志》，周際霖修，周頊等纂，同治 12 年刊本，成文。

47. 《光緒泰興縣志》，楊激雲等修，顧曾烜等纂，光緒 12 年刊本。

48. 《光緒清河縣志》，胡裕燕修，吳昆田等纂，光緒 12 年刊本。

49. 《山陽縣志》，孫雲修，丁晏等纂，同治 12 年刊本。

50. 《安東縣志》，金烺修，吳昆田等纂，光緒元年刊本。

51. 《阜寧縣志》，阮本焱等修，陳肇礽等纂，光緒 12 年刊本，學生。

52. 《鹽城縣志》，劉崇照修，龍繼棟纂，光緒 21 年刊本，學生。

53. 《光緒江都縣續志》，謝延庚修，劉壽曾纂，光緒 9 年刊本，成文。

54. 《江都縣續志》，錢祥保等修，桂邦傑纂，民國 15 年刊本。

55. 《東台縣志》，周右修，蔡復午等纂，嘉慶 22 年刊本，成文。

56. 《重修興化縣志》，梁園棣修，劉熙載等纂，咸豐元年刊本，成文。

57. 《泰州志》，王有慶等修，梁桂等纂，道光 7 年刊本，學生。

58. 《高郵州志》，馮馨修，夏味堂等纂，嘉慶 18 年修，道光 25 年重刊本，成文。

59. 《續增高郵州志》，張用熙等纂，道光 23 年刊本。

60. 《再續高郵州志》，龔定瀛修，夏子鍚纂，光緒 9 年刊本。

61. 《重修寶應縣志》，孟毓蘭修，喬載繇等纂，道光 21 年刊本。

62. 《寶應縣志》，馮煦纂，民國 21 年鉛印刊本，成文。

63. 《銅山縣志》，余家謨等修，王嘉詵等纂，民國 15 年刊本，成文。

64. 《豐縣志》，姚鴻杰修，李運昌等纂，光緒 20 年刊本。

65. 《沛縣志》，于書雲修，趙錫藩等纂，民國 9 年鉛印本。

66. 《續蕭縣志》，顧景濂修，段廣瀛等纂，光緒元年刊本，成文。

67. 《邳州志》，董用威等修，魯一同纂，咸豐元年修，民國 9 年重刊本，成文。

68. 《光緒睢寧縣志稿》，侯紹瀛修，丁顯纂，光緒 12 年刊本。

69. 《嘉慶海州直隸州志》，唐仲冕等修，汪梅鼎纂，嘉慶 16 年刊本，成文。

70. 《光緒贛榆縣志》，王豫熙修，張謇等纂，光緒 14 年刊本，成文。

（四）浙江省

1. 《杭州府志》，吳慶坻等纂修，民國 11 年鉛印本，成文。
2. 《嘉興府志》，許瑤光修，吳仰賢等纂，光緒 4 年刊本，成文。
3. 《湖州府志》，宗源翰等修，周學濬等纂，同治 13 年刊本，成文。
4. 《寧波府志》，曹秉仁修，萬經等纂，雍正 7 年刊本。
5. 《紹興府志》，李亨特修，平恕等纂，乾隆 57 年刊本。
6. 《光緒台州府志》，王舟瑤等纂，光緒 25 年修。
7. 《台州府志》，喻長齡等纂，民國 25 年鉛印本，成文。
8. 《衢州府志》，楊廷望等修，康熙 50 年刊本。
9. 《嚴州府志》，吳士進原本，吳世榮續纂，光緒 9 年增修重刊本，成文。
10. 《溫州府志》，李琬修，齊召南等纂，乾隆 25 年刊本。
11. 《處州府志》，潘紹詒修，周榮椿等纂，光緒 3 年刊本。
12. 《海寧縣志稿》，許傳霈等原本，朱錫恩等增修，民國 11 年鉛印本。
13. 《餘杭縣志》，張吉安修，朱文藻等纂，嘉慶 13 年刊本，成文。
14. 《臨安縣志》，彭循堯修，董運昌等纂，宣統 2 年木活字本。
15. 《昌化縣志》，陳培珽等修，潘秉哲等纂，民國 13 年鉛印本。
16. 《重修嘉善縣志》，江峰青修，顧福仁等纂，光緒 20 年刊本，成文。
17. 《海鹽縣志》，王彬修，徐用儀纂，光緒 2 年刊本。
18. 《石門縣志》，余麗元修，譚逢時等纂，光緒 5 年刊本。
19. 《平湖縣志》，彭潤章等修，葉廉鍔等纂，光緒 12 年刊本。
20. 《光緒桐鄉縣志》，嚴辰纂，光緒 13 年刊本，成文。
21. 《歸安縣志》，陸心源修，丁寶書纂，光緒 8 年刊本，成文。
22. 《德清縣志》，王任化修，程森纂，民國 12 年刊本，成文。
23. 《孝豐縣志》，劉濬修，潘宅仁纂，光緒 5 年刊本。
24. 《鄞縣志》，載枚等修，董沛沛纂，光緒 3 年刊本。
25. 《慈谿縣志》，馮可鏞修，楊泰亨纂，光緒 25 年刊本。
26. 《奉化縣志》，李前泮修，張美翊纂，光緒 34 年刊本。
27. 《鎮海縣志》，于萬川修，逾樾纂，光緒 5 年刊本。
28. 《象山縣志》，李泩等修，陳漢章等纂，民國 15 年鉛印本。
29. 《南田縣志》，呂耀鈐等修，屬家禎纂，民國 19 年鉛印本，成文。
30. 《定海廳志》，史致訓等修，陳威等纂，光緒 10 年刊本。
31. 《定海縣志》，陳訓正等修，民國 13 年鉛印本，成文。

32. 《蕭山縣志》，彭延慶等修，楊鍾義等纂，民國 24 年鉛印本。

33. 《諸暨縣志》，陳遹聲纂，宣統 3 年刊本。

34. 《餘姚縣志》，邵友濂修，孫德祖等纂，光緒 25 年刊本。

35. 《上虞縣志》，唐煦春修，朱士黻纂，光緒 17 年刊本，成文。

36. 《嵊縣志》，嚴思忠等修，蔡以瑺等纂，同治 9 年刊本。

37. 《新昌縣志》，金城修，陳畲纂，民國 8 年鉛印本。

38. 《黃巖縣志》，陳鍾英等修，王詠霓纂，光緒 3 年刊本。

39. 《光緒仙居志》，王壽頤等修，王棻等纂，光緒 20 年木活字本。

40. 《嘉慶太平縣志》，慶霖修，戚學標纂，嘉慶 15 年修，光緒 22 年重刊本。

41. 《西安縣志》，姚寶煃修，范崇楷等纂，嘉慶 16 年刊本，成文。

42. 《龍游縣志》，余紹宋撰，民國 14 年鉛印本，成文。

43. 《江山縣志》，王彬等修，朱寶慈等纂，同治 12 年刊本，成文。

44. 《常山縣志》，李瑞鍾等纂修，光緒 12 年刊本。

45. 《光緒金華縣志》，鄧鍾玉等纂修，光緒 20 年修，民國 23 年鉛字重印本，成文。

46. 《光緒蘭谿縣志》，秦簧等修，唐壬森等纂，光緒 14 年刊本。

47. 《義烏縣志》，朱自穀修，程瑜等纂，嘉慶 7 年刊本，成文。

48. 《永康縣志》，李汝爲等修，潘樹棠等纂，光緒 18 年刊本，成文。

49. 《光緒浦江縣志稿》，黃志璠等修，光緒 20 年修，民國 5 年鉛字重印本。

50. 《湯溪縣志》，丁燮等修，戴鴻熙等纂，民國 20 年鉛印本。

51. 《建德縣志》，夏日璵修，王韌等纂，民國 8 年鉛印本，成文。

52. 《淳安縣志》，李詩等纂修，光緒 10 年刊本。

53. 《壽昌縣志》，陳煥等修，李餁等纂，民國 19 年鉛印本。

54. 《光緒分水縣志》，陳常鏵修，藏承宣等纂，光緒 33 年刊本。

55. 《永嘉縣志》，張寶琳修，王棻等纂，光緒 8 年刊本。

56. 《麗水縣志》，李鍾嶽等修，孫壽芝纂，民國 15 年鉛印本。

57. 《青田縣志》，雷銑修，王棻纂，光緒元年刊本。

58. 《縉雲縣志》，何乃容等修，潘樹棠纂，光緒 2 年刊本，成文。

59. 《松陽縣志》，支恆春等修，光緒元年刊本。

60. 《遂昌縣志》，胡壽海等修，諸成允等纂，光緒 22 年刊本，成文。

61. 《龍泉縣志》，顧國詔等修，光緒 4 年刊本。

62. 《雲和縣志》，伍承吉等修，王士鈖纂，同治 3 年刊本，成文。

63. 《宣平縣志》，皮樹棠等修，皮錫瑞等纂，光緒 4 年刊本。

64. 《景寧縣志》，周杰等修，嚴用光等纂，同治 11 年刊本。

65. 《瑞安縣志》，張德標修，黃徵人等纂，嘉慶 13 年刊本。

66. 《平陽縣志》，劉紹寬等修，民國 14 年刊本，成文。

67. 《玉環廳志》，杜冠英等修，呂鴻燾等纂，光緒 7 年刊本。

（五）安徽省

1. 《安徽通志》，沈葆楨等修，何紹基等纂，光緒 4 年刊本，華文。

2. 《續修廬州府志》，黃雲等修，汪宗沂等纂，光緒 11 年刊本，成文。

3. 《寧國縣志》，魯銓等修，洪亮吉等纂，嘉慶 20 年修，民國 8 年影印本，成文。

4. 《黟縣三志》，謝永泰修，程鴻詔等纂，同治 9 年刊本，成文。

5. 《南陵縣志》，余誼密修，徐乃昌等纂，民國 13 年鉛印本，成文。

6. 《太和縣志》，丁炳烺修，吳承治等纂，民國 14 年鉛印本，成文。

7. 《渦陽縣志》，黃佩蘭修，王佩箴等纂，民國 14 年刊本，成文。

8. 《盱眙縣志稿》，王錫元等纂，光緒 29 年重校本，成文。

（六）湖北省

1. 《漢陽府志》，陶士楔修，殷湘燨纂，乾隆 12 年刊本。

2. 《黃州府志》，英啓修，鄧琛等纂，光緒 10 年刊本。

3. 《德安府志》，賡音布修，劉國光等纂，光緒 14 年刊本，成文。

4. 《荊州府志》，倪文蔚等修，顧嘉衡等纂，光緒 6 年刊本，成文。

5. 《襄陽府志》，恩聯等修，王萬芳等纂，光緒 12 年刊本。

6. 《鄖陽府志》，吳葆儀等修，王嚴恭等纂，同治 9 年刊本，成文。

7. 《宜昌府志》，聶光鑾修，王柏心等纂，同治 4 年刊本，成文。

8. 《增修施南府志》，松林等修，何遠鑒等纂，同治 10 年刊本。

9. 《施南府志續編》，王庭楨修，尹壽衡等纂，光緒 11 年刊本。

10. 《江夏縣志》，王庭楨修，彭崧毓纂，同治 8 年刊本。

11. 《武昌縣志》，鍾桐山修，柯逢時纂，光緒 11 年刊本。

12. 《蒲圻縣志》，顧際熙等修，同治 5 年刊本。

13. 《大冶縣志》，陳復初修，黃昺杰纂，同治 6 年刊本。

14. 《大冶縣志續編》，林佐修，陳鼇纂，光緒 10 年刊本，成文。

15. 《興國州志》，陳光亨原纂，王鳳池等續纂，光緒 15 年刊本。

16. 《興國州志補編》，劉鳳綸纂修，光緒 30 年刊本。

17. 《續輯漢陽縣志》，黃式度等修，王柏心等纂，同治 7 年刊本。

18. 《漢川縣志》，德廉等修，林祥瑗等纂，同治 12 年刊本。

19. 《黃陂縣志》，劉昌緒修，徐瀛等纂，同治 10 年刊本。

20. 《孝感縣志》，朱希白等修，沈用珍纂，光緒 8 年刊本。

21. 《沔陽州志》，葛振元等修，楊鉅等纂，光緒 20 年刊本。

22. 《黃岡縣志》，戴昌言修，劉恭冕等纂，光緒 8 年刊本，學生。

23. 《黃安縣志》，朱錫綬等修，張家俊等纂，同治 8 年刊本。

24. 《黃梅縣志》，覃瀚元等修，光緒 2 年刊本。

25. 《蘄州志》，封蔚礽修，陳廷揚等纂，光緒 10 年刊本。

26. 《蘄水縣志》，多祺修，郭光庭等纂，光緒 6 年刊本。

27. 《麻城縣志》，陸祐勳修，余士珩纂，光緒 8 年刊本。

28. 《廣濟縣志》，劉宗元等修，劉燡等纂，同治 11 年木活字本。

29. 《安陸縣志》，蔣炯等原本，李廷錫等續纂，道光 23 年刊本。

30. 《隋州志》，元齡等修，史策先等纂，同治 8 年刊本。

31. 《續雲夢縣志略》，吳念椿修，程壽昌等纂，光緒 8 年刊本，成文。

32. 《光緒應城縣志》，陳豪等修，王承禧等纂，光緒 8 年刊本。

33. 《鍾祥縣志》，孫福海纂修，同治 6 年刊本。

34. 《京山縣志》，沈星標等修，曾憲德等纂，光緒 8 年刊本。

35. 《潛江縣續志》，史致謨修，劉恭冕等纂，光緒 5 年刊本，成文。

36. 《荊門直隸州志》，恩榮修，張圻纂，同治 7 年刊本。

37. 《當陽縣志》，阮恩光修，王柏心纂，同治 5 年刊本，學生。

38. 《遠安縣志》，鄭燡林修，周葆恩等纂，同治 5 年刊本。

39. 《宣城縣志》，程啓安修，張炳鐘等纂，同治 5 年刊本。

40. 《宣城縣續志》，李連騎修，姚德華等纂，光緒 5 年刊，33 年修補本。

41. 《南漳縣志》，包安保等修，向承煜等纂，民國 11 年石印本。

42. 《棗陽縣志》，張聲正修，史策先纂，同治 4 年刊本。

43. 《棗陽縣志》，梁汝澤等修，王榮先等纂，民國 12 年鉛印本，學生。

44. 《穀城縣志》，承印修，黃定鑛等纂，同治 6 年刊本。

45. 《光化縣志》，鍾桐山等修，段印斗等纂，光緒 10 年刊本，成文。

46. 《續輯均州志》，馬雲龍等修，賈洪詔等纂，光緒 10 年刊本。

47. 《鄖縣志》，定熙修，崔誥等纂，同治 5 年刊本。

48. 《房縣志》，楊廷烈修，郁方董等纂，同治 5 年刊本。

49. 《竹谿縣志》，陶壽嵩等修，楊兆熊等纂，同治 6 年刊本。

50. 《竹山縣志》，周士損修，黃子遂等纂，同治 4 年刊本。

51. 《保康縣志》，林讓昆等修，楊士霖纂，同治 5 年刊本。

52. 《鄖西縣志》，程光第修，葉年荣等纂，同治 5 年刊本。

53. 《東湖縣志》，金大鏞修，王柏心纂，同治 3 年刊本。

54. 《江陵縣志》，蒯正昌等修，劉長謙等纂，光緒 3 年刊本。

55. 《公安縣志》，周承弼等修，王慰纂，同治 13 年刊本，學生。

56. 《監利縣志》，林瑞枝等修，王柏心纂，同治 11 年刊本，學生。

57. 《松滋縣志》，呂縉雲修，朱美燮等纂，同治 8 年刊本。

58. 《枝江縣志》，查子庚修，熊文瀾等纂，同治 5 年刊本。

59. 《宜都縣志》，崔培元等修，龔紹仁纂，同治 5 年刊本。

60. 《興山縣志》，黃世崇修，光緒 11 年刊本。

61. 《巴東縣志》，廖恩樹修，蕭佩聲等纂，同治 5 年刊本。

62. 《長樂縣志》，李煥春修，龍兆霖補，鄭敦祐再補，咸豐 2 年修，光緒元年增補。

63. 《歸州志》，沈雲駿修，劉玉森纂，光緒 8 年刊本。

64. 《恩施縣志》，多壽修，羅凌漢纂，同治 3 年刊本。

65. 《建始縣志》，熊啓詠纂修，同治 5 年刊本。

66. 《利川縣志》，黃世崇修，光緒 20 年刊本。

67. 《來鳳縣志》，李勗修，何遠鑒等纂，同治 5 年刊本。

68. 《咸豐縣志》，張梓修，張光杰等纂，同治 4 年刊本。

（七）湖南省

1. 《湖南通志》，李瀚章等修，曾國荃、郭嵩燾等纂，光緒 11 年刊本，華文。

2. 《長沙府志》，呂肅高修，張雄圖纂，乾隆 12 年刊本，成文。

3. 《寶慶府志》，黃宅中等修，鄧顯鶴等纂，道光 29 年修，民國 23 年重印，成文。

4. 《永州府志》，隆慶修，宗績辰纂，道光 8 年刊本，成文。

（八）四川省

1. 《重修成都縣志》，羅廷權等修，袁興鑑等纂，同治 12 年刊本，學生。

2. 《華陽縣志》，曾鑑修，林思進等纂，民國 23 年刊本，學生。

3. 《溫江縣志》，張驥修，曾學傳等纂，民國 10 年刊本，學生。

4. 《崇慶縣志》，謝汝霈修，羅元黻等纂，民國 15 年鉛印本，學生。

5. 《新都縣志》，陳習刪修，閔昌術等纂，民國 18 年鉛印本，學生。

6. 《簡陽縣續志》，李青廷修，汪金相等纂，民國 20 年鉛印本，學生。

7. 《巴縣志》，王鑑清修，向楚等纂，民國 28 年刊本，學生。

8. 《大邑縣志》，解汝襄修，龔維錡等纂，民國 19 年鉛印本，學生。

9. 《眉山縣志》，郭慶琳等纂修，民國 12 年石印本，學生。

10. 《夾江縣志》，劉作銘等纂修，民國 24 年刊本，學生。

11. 《樂山縣志》，黃鎔等纂修，民國 23 年鉛印本，學生。

12. 《瀘縣志》，王祿昌修，高覲光等纂，民國 27 年鉛印本，學生。

13. 《富順縣志》，盧翊延等纂修，民國 20 年刊本，學生。

14. 《合江縣志》，張開文等纂修，民國 18 年鉛印本，學生。

15. 《敘永縣志》，宋曙等纂修，民國 22 年鉛印本，學生。

16. 《三台縣志》，謝勷等纂修，民國 18 年鉛印本，學生。

17. 《綿陽縣志》，梁兆麟修，崔映棠等纂，民國 21 年刊本，學生。

18. 《重修什邡縣志》，王文昭修，曾慶奎等纂，民國 18 年鉛印本，學生。

19. 《金堂縣續志》，王暨英修，曾茂林等纂，民國 10 年刊本，學生。

20. 《劍閣縣續志》，張政等纂修，民國 16 年鉛印本，學生。

21. 《松潘縣志》，傅崇榘修，徐湘等纂，民國 13 年刊本，學生。

22. 《崇寧縣志》，陳邦倬總纂，民國 13 年刊本，學生。

23. 《內江縣志》，朱襄虞等纂，宣統 3 年刊，民國 14 年重刊，學生。

24. 《仁壽縣志》，姚令儀等纂，嘉慶 8 年刊，抄補本，學生。

25. 《威遠縣志》，吳增輝、吳容纂修，光緒 2 年刊抄補本，學生。

26. 《合川縣志》，張森楷纂修，民國 9 年刊本，學生。

27. 《綦江縣續志》，戴綸喆纂，民國 27 年刊本，學生。

28. 《名山縣新志》，趙正和等纂，民國 19 年刊本，學生。

29. 《犍爲縣志》，羅授香等纂，民國 26 年鉛印本，學生。

30. 《酆都縣志》，郎承銳、余樹堂纂，民國 16 年鉛印本，學生。

31. 《雲陽縣志》，劉貞安總纂，民國 24 年鉛印本，學生。

32. 《廣安縣志》，周克堃纂，光緒 22 年刊，民國 16 年重印，學生。

33. 《武勝縣新志》，孫國藩等纂，民國 20 年鉛印本，學生。

34. 《遂寧縣志》，王懋昭等纂，民國 18 年刊本，學生。

35. 《綿竹縣志》，黃尚毅等纂，民國 9 年刊本，學生。

36. 《安縣志附續志》，劉公旭總纂，民國 22 年石印本，學生。

37. 《北川縣志》，黃尚毅總纂，民國 21 年石印本，學生。

38. 《邛崍縣志》，寧湘總纂，民國 11 年鉛印本，學生。

39. 《新津縣志》，陳齊學修，葉芳模等纂，民國 11 年石鉛印本，學生。

40. 《增修灌縣志》，鄭珶山總纂，光緒 12 年刊本，學生。

41. 《資中縣續修資州志》，吳鴻仁等修，黃清亮等纂，民國 18 年鉛印本，學生。

42. 《資陽縣志》，何華元等纂，咸豐 10 年刊本，學生。

43. 《榮縣志》，趙熙總纂，民國 18 年刊本，學生。

44. 《光緒井研志》，高承瀛修，吳嘉謨等纂，光緒 26 年刊本，學生。

45. 《璧山縣志》，寇用平等纂修，同治 4 年刊本，學生。

46. 《永川縣志》，許曾蔭等修，馬愼修纂，光緒 20 年刊本，學生。

47. 《江津縣志》，謝汝霈修，羅元黻等纂，民國 15 年鉛印本，學生。

48. 《江北廳志》，福珠朗阿修，宋煊纂，道光 24 年刊本，學生。

49. 《峨嵋縣續志》，朱榮邦纂修，宣統 2 年刊本，民國 24 年重輯本，學生。

50. 《南溪縣志》，鍾朝熙纂修，民國 26 年鉛印本，學生。

51. 《黔江縣志》，張九章修，陳藩垣纂，光緒 20 年刊本，學生。

52. 《涪陵縣續修涪州志》，劉湘修，施紀雲纂，民國 17 年鉛印本，學生。

53. 《奉節縣志》，曾秀翹修，楊德坤纂，光緒 19 年刊本，學生。

54. 《忠州直隸州志》，吳文篤修，熊履青纂，道光 6 年修，民國 21 年重印本，學生。

55. 《大寧縣志》，高維嶽修，魏遠猷纂，光緒 11 年刊本。

56. 《岳池縣志》，何其泰修，吳新德纂，光緒 6 年刊本，學生。

57. 《射洪縣志》，張尚湉等纂，光緒 10 年刊本，學生。

58. 《彰明縣志》，何慶恩修，李朝棟等纂，同治 13 年刊本，學生。

59. 《達縣志》，吳德準等纂修，民國 22 年鉛印本，學生。

（九）廣東省

1. 《廣州府志》，瑞麟等修，史澄等纂，光緒 5 年刊本，成文。

2. 《韶州府志》，林述訓等修，單興詩等纂，同治 13 年刊本，成文。

3. 《惠州府志》，劉湉年修，鄧掄斌等纂，光緒 7 年刊本，成文。

4. 《潮州府志》，周碩勳纂修，乾隆 27 年刊本，光緒 19 年重刊本，成文。

5. 《高州府志》，楊霽修，陳蘭彬等纂，光緒 15 年刊本，成文。

6. 《廉州府志》，張堉春修，陳治昌纂，道光 10 年刊本。

7. 《雷州府志》，雷學海修，陳昌齊纂，嘉慶 16 年刊本。

8. 《瓊州府志》，明誼修，張岳松纂，道光 21 年修，光緒 16 年刊本，成文。

9. 《肇慶府志》，屠英等修，胡森等纂，道光 13 年修，光緒 2 年重刊本。

10. 《番禺縣志》，李福泰修，史澄等纂，同治 10 年刊本，成文。

11. 《番禺縣續志》，吳道鎔纂修，宣統 3 年刊本，成文。

12. 《香山縣志》，祝淮修，黃培芳纂，道光 7 年刊本，學生。

13. 《重修香山縣志》，田明曜等修，陳澧等纂，光緒 5 年刊本，學生。

14. 《香山縣志》，厲式金修，汪文炳等纂，民國 12 年刊本，學生。

15. 《南海縣志》，鄭夢玉等修，梁紹獻等纂，道光 15 年修，同治 11 年刊本，成文。

16. 《順德縣志》，周之貞等修，周朝槐等纂，民國 18 年刊本，成文。

17. 《東莞縣志》，葉覺邁修，陳伯陶纂，民國 10 年鉛印本，學生。

18. 《龍門縣志》，招念慈修，鄔慶時纂，民國 25 年鉛印本，學生。

19. 《增城縣志》，熊學原等修，李寶中等纂，嘉慶 25 年刊本。

20. 《新會縣志》，林星章修，黃培芳等纂，道光 21 年刊本，成文。

21. 《新會縣續志》，彭君穀修，鍾應元等纂，同治 9 年刊本。

22. 《三水縣志》，李友榕等修，鄧雲龍等纂，嘉慶 24 年刊本，成文。

23. 《清遠縣志》，李文烜修，朱瀾芸等纂，光緒 6 年刊本，成文。

24. 《赤溪縣志》，王大魯修，賴際熙纂，民國 9 年刊本，成文。

25. 《宣統高要縣志》，何炳堃等纂，民國 27 年鉛印本。

26. 《四會縣志》，陳志喆修，吳大猷纂，光緒 22 年刊本，成文。

27. 《高明縣志》，鄒兆麟等修，蔡逢恩纂，光緒 22 年刊本，成文。

28. 《開平縣志》，余榮謀修，張啓煌等纂，光緒 20 年刊本。

29. 《光緒德慶州志》，楊文駿修，朱一新等纂，光緒 25 年刊本。

30. 《封川縣志》，溫若修，吳蘭修纂，道光 15 年刊，民國 24 年鉛字重印本。

31. 《恩平縣志》，石台修，馮師元等纂，道光 5 年刊本。

32. 《羅定縣志》，周學仕等修，馬呈圖纂，民國 24 年鉛字重印本。

33. 《東安縣志》，汪兆柯纂修，道光 4 年修，民國 29 年刊本。

34. 《西寧縣志》，諸豫宗修，周中孚纂，道光 10 年刊本。

35. 《曲江縣志》，張希京修，歐樾華等纂，光緒元年刊本，成文。

36. 《直隸南雄州志》，余保純等修，黃其勤纂，道光 4 年刊本，成文。

37. 《始興縣志》，陳及時纂修，民國 15 年刊本。

38. 《樂昌縣志》，徐寶符等修，李穆等纂，同治 10 年刊本，成文。

39. 《仁化縣志》，何炳璋修，譚鳳儀纂，民國 20 年鉛印本。

40. 《翁源縣新志》，謝崇俊等修，顏爾樞纂，嘉慶 25 年刊本。

41. 《連州志》，袁泳錫等修，單興詩等纂，同治 10 年刊本。

42. 《陽山縣志》，黃璿等修，朱汝珍纂，民國 27 年刊本。

43. 《澄海縣志》，李書吉等修，蔡繼紳等纂，嘉慶 19 年刊本，成文。

44. 《海豐縣志》，蔡逢恩修，林光斐纂，同治 12 年修，民國 20 年鉛印本，成文。

45. 《陸豐縣志》，王之正修，沈展才等纂，乾隆 10 年刊本，成文。

46. 《海陽縣志》，盧蔚猷修，吳道鎔纂，光緒 26 年刊本，成文。

47. 《豐順縣志》，許普濟等修，吳鵬等纂，光緒 10 年增補刊本。

48. 《潮陽縣志》，周恆重修，張其翮纂，光緒 10 年刊本，成文。

49. 《嘉應州志》，吳宗焯修，溫仲和纂，光緒 24 年刊本。

50. 《長樂縣志》，侯坤元修，溫訓纂，道光 25 年修，民國年間重印本，學生。

51. 《興寧縣志》，仲振履原本，張鶴齡等續纂，咸豐 6 年刊本，成文。

52. 《茂名縣志》，鄭業崇等修，楊頤纂，光緒 14 年刊本，成文。

53. 《電白縣志》，章鴻等修，紹詠等纂，道光 6 年刊本。

54. 《化州志》，彭貽蓀等修，彭步瀛等纂，道光 14 年刊本。

55. 《吳川縣志》，毛昌善修，陳蘭彬纂，光緒 14 年刊本。

56. 《石城縣志》，蔣廷桂修，陳蘭彬等纂，道光 18 年刊本。

57. 《遂溪縣志》，喻炳榮等修，朱德華等纂，道光 28 年刊本，光緒 21 年補刊本。

58. 《徐聞縣志》，王輔之纂修，宣統 3 年修，民國 25 年刊本。

59. 《陽江縣志》，張以誠等修，梁觀喜等纂，民國 14 年刊本。

60. 《瓊山縣志》，周果等修，李熙等纂，民國 6 年刊本。

61. 《安定縣志》，吳應廉等纂修，光緒 4 年刊本。

62. 《會同縣志》，陳述芹纂修，嘉慶 25 年修，民國 14 年鉛字重印本。

63. 《臨高縣志》，聶緝慶纂修，光緒 17 年刊本。

64. 《儋縣志》，彭元藻修，王國憲纂，民國 25 年鉛印本。

65. 《感恩縣志》，周文海修，盧宗棠等纂，民國 20 年鉛印本，成文。

66. 《欽州志》，朱椿年纂修，道光 14 年刊本。

（十）雲南省

1. 《雲南府志》，范承勳、張毓碧修，謝儼纂，康熙 35 年刊本。
2. 《普洱府志稿》，陳宗海纂修，光緒 23 年刊本。
3. 《續修順寧府志》，黨蒙修，周宗洛纂，光緒 30 年刊本，學生。
4. 《永昌府志》，劉毓珂纂修，光緒 11 年刊本，成文。
5. 《鶴慶州志》，陳宗海修，陽金和纂，光緒 20 年刊本，學生。
6. 《阿迷州志》，陳權修，顧琳纂，雍正 13 年刊本，學生。
7. 《鄧川州志》，侯允欽纂修，咸豐 4 年刊本，成文。
8. 《姚州志》，陸宗鄭等修，甘雨纂，光緒 11 年刊本。
9. 《霑益州志》，陳燕等修，李景賢等纂，光緒 11 年刊本，成文。
10. 《騰越廳志》，陳宗海修，趙端禮纂，光緒 13 年刊本，成文。
11. 《昆明縣志》，戴綱孫纂，道光 21 年修，光緒 27 年刊本，成文。
12. 《龍陵縣志》，張鑑安修，寸曉亭纂，民國 6 年刊本，學生。
13. 《雲南縣志》，項聯普修，黃炳堃纂，光緒 16 年刊本，成文。
14. 《浪穹縣志略》，周沆纂，光緒 28 年修，民國元年重刊本。
15. 《宜良縣志》，袁家穀修，許實纂，民國 10 年刊本，成文。
16. 《楚雄縣志》，崇謙等纂修，宣統 2 年抄刊本，成文。

（十一）其　他

1. 《嘉慶重修一統志》，穆彰阿等修，民國 55 年，台灣商務印書館。
2. 《曲阜縣志》，李經野等纂修，民國 23 年鉛印本，成文。
3. 《續修歷城縣志》，毛承霖纂修，民國 15 年鉛印本，成文。
4. 《齊河縣志》，楊豫等修，閻廷獻等纂，民國 22 年鉛印本，成文。
5. 《長清縣志》，李起元等修，王連儒等纂，民國 24 年鉛印本，成文。
6. 《續修博山縣志》，王蔭桂等修，張新曾等纂，民國 26 年鉛印本，成文。
7. 《霑化縣志》，聯印、張會一等纂，民國 20 年手抄本，成文。
8. 《青城縣志》，楊啓東修，趙梓湘纂，民國 24 年鉛印本，成文。
9. 《荏平縣志》，牛占城等修，周之楨等纂，民國 24 年鉛印本，成文。
10. 《定陶縣志》，馮麟湀等修，曹垣纂，民國 5 年刊本，成文。
11. 《續修鉅野縣志》，郁濬生纂修，民國 10 年刊本，成文。
12. 《臨清縣志》，徐子尚修，張樹梅等纂，民國 23 年鉛印本，成文。
13. 《夏津縣志新編》，方學成、梁大鯤等纂修，民國 23 年鉛印本，成文。

14. 《邱縣志》，黃景曾修，靳淵然等纂，民國 22 年鉛印本，成文。

15. 《德平縣續志》，呂學元等修，嚴綬之等纂，民國 24 年鉛印本，成文。

16. 《館陶縣志》，劉家善等修纂，光緒 19 年重刻本，成文。

17. 《東平縣志》，張志熙等修，劉靖宇纂，民國 25 年鉛印本，成文。

18. 《陵縣續志》，苗恩波修，劉蔭歧等纂，民國 25 年鉛印本，成文。

19. 《續修范縣志》，張振聲等修，余文鳳等纂，民國 24 年鉛印本，成文。

20. 《牟平縣志》，宋憲章等修，于清泮等纂，民國 25 年鉛印本，成文。

21. 《觀城縣志》，孫觀纂修，民國 22 年排印本，成文。

22. 《平度縣續志》，丁世平等修，尚慶翰等纂，民國 25 年鉛印本，成文。

23. 《高密縣志》，余友林等修，王照青纂，民國 24 年鉛印本，成文。

24. 《續修廣饒縣志》，王文彬等修，王寅山纂，民國 24 年鉛印本，成文。

25. 《壽光縣志》，宋憲章等修，鄒允中等纂，民國 25 年鉛印本，成文。

26. 《臨朐縣續志》，周鈞英修，劉仞千纂，民國 24 年鉛印本，成文。

27. 《固原州志》，王學伊等修纂，宣統元年刊本，成文。

28. 《馬邑縣志》，霍殿鼇等纂，民國 7 年鉛印本，成文。

29. 《江西通志》，趙之謙等纂，光緒 6 年刊本，民國 56 年影印，華文。

30. 《九江府志》，江殷道等修，張秉鉉等纂，康熙 12 年刻本，成文。

31. 《吉安府志》，盧崧等修，朱承煦等纂，乾隆 41 年刊，道光 22 年補刻本，成文。

32. 《撫州府志》，羅復晉等修，李茹旻等纂，雍正 7 年刊本，成文。

33. 《建昌府志》，邵子彝等修，魯琪光等纂，同治 11 年刊本，成文。

34. 《廣信府志》，孫世昌等纂修，康熙 22 年刊本，成文。

35. 《廣豐縣志》，連柱、胡光祖等纂修，乾隆 49 年刊本，成文。

36. 《重纂邵武府志》，王琛等修，張景祁等纂，光緒 26 年刊本，成文。

二、一般史書、政書與文集

1. 《十三經注疏》，嘉慶 20 年南昌府學重刊宋本，台北：藝文印書館影印，1985 年。

2. 《二十五史》，武英殿版本，台北：藝文印書館影印，1971 年。

3. 《十通》，萬曆庚戌雲間李氏原刊本，台北：新興書局影印，1965 年。

4. 《冊府元龜》，王欽若等奉敕纂，台北：台灣中華書局，1972 年。

5. 《大元聖政國朝典章》，李孟等纂輯，國立故宮博物院，1972 年。

6. 《國朝典彙》，明·徐學聚撰，中央圖書館善本，台北：學生書局影印，

1961 年初版。

7. 《樂律全書》，朱載堉著，台北：商務印書館，1968 年。

8. 《明會典》，申時行等撰，台北：商務印書館，1968 年。

9. 《皇明經世文編》，陳子龍等編輯，台北：台灣國風出版社影印，1964 年。

10. 《明神宗實錄》，顧秉謙等奉敕纂修，中央研究院歷史語言研究所，1968 年。

11. 《清實錄》，台北：華文書局影印，1964 年。

12. 《大清十朝聖訓》，台北：文海出版社影印，1965 年。

13. 《十二朝東華錄》，蔣良驥等著，台北：文海出版社影印，1967 年。

14. 《皇朝政典類纂》，席裕福纂，光緒 29 年刊本，台北：成文出版社影印。

15. 《欽定大清會典事例》，崑岡等撰，光緒 25 年刻本，台北：中文書局影印，1963 年。

16. 《欽定禮部則例》，特登額等纂，台北：成文出版社影印，1966 年。

17. 《欽定吏部則例》，崑岡等修，吳梅樹等纂，台北：成文出版社影印，1966 年。

18. 《欽定吏部則例》（二），恩桂等纂，道光 23 年刊，台北：成文出版社影印，1966 年。

19. 《欽定學政全書》，素爾納等纂修，台北：文海出版社影印，1968 年。

20. 《欽定國子監志》，李宗昉等奉敕纂，道光 12 年刊本。

21. 《皇清奏議》，琴川居士編輯，台北：文海出版社影印，1967 年。

22. 《皇朝經世文編》，賀長齡輯，台北：文海出版社影印，1973 年。

23. 《皇朝經世文新編》，麥仲華編，台北：文海出版社影印，1973 年。

24. 《清史》，清史編纂委員會編纂，台北：國防研究院，1961 年。

25. 《清史稿》，趙爾巽等撰，香港文學研究社，1958 年。

26. 《清文匯》，王文濡編，台北：世界書局影印，1961 年。

27. 《歷代職官表》，永瑢等修纂，台北：台灣中華書局，1966 年。

28. 《國朝先正事略》，李元度著，台北：文海出版社，1967 年。

29. 《續碑傳集》，繆荃孫纂錄，台北：文海出版社，1973 年。

30. 《太平天國文獻彙編》，台北：鼎文書局，1973 年。

31. 《清代台灣教育史料彙編》，莊金德編著，台灣省文獻委員會，1973 年。

32. 《呂氏春秋》，高誘注，畢沅校，台北：台灣世界書局。

33. 《金文靖公集》，明·金幼孜撰，台北：文海出版社影印，1970 年。

34. 《日知錄》，顧炎武著，台北：世界書局，1968 年。

35. 《亭林詩文集》，顧炎武著，台北：商務印書館，1968 年。

36. 《明夷待訪錄》，黃宗羲著，台北：商務印書館，1968 年。

37. 《大雲山房文稿》，惲敬著，台北：商務印書館，1968 年。

38. 《洪北江詩文集》，洪亮吉著，台北：商務印書館，1968 年。

39. 《樊山政書》，樊增祥撰，台北：文海出版社影印，1971 年。

40. 《卞制軍政書》，卞頌臣撰，台北：文海出版社影印，1971 年。

41. 《安吳四種》，包世臣撰，台北：文海出版社影印，1968 年。

42. 《沈文肅公政書》，沈葆楨撰，台北：文海出版社影印，1966 年。

43. 《養知書屋遺集》，郭嵩燾著，台北：文海出版社影印，1968 年。

44. 《東塾集》，陳澧著，台北：文海出版社影印，1970 年。

45. 《校邠廬抗議》，馮桂芬著，台北：文海出版社影印，1971 年。

46. 《庸書》，陳熾著，台北：台聯國風出版社，1970 年。

47. 《天岳山館文鈔》，李元度著，台北：文海出版社影印，1969 年。

48. 《甘泉鄉人稿》，錢泰吉著，台北：文海出版社影印，1973 年。

49. 《拙尊園叢稿》，黎庶昌著，台北：文海出版社影印，1967 年。

50. 《清芬閣集》，朱采著，台北：文海出版社影印，1968 年。

51. 《蠖園文存》，朱啓鈐著，台北：文海出版社影印，1968 年。

52. 《萇楚齋續筆》，劉聲木撰，台北：世界書局，1960 年。

53. 《清代吏治叢談》，伍承喬編，台北：文海出版社影印，1967 年。

54. 《清代文獻邁古錄》，趙祖銘編，台北：台聯國風出版社，1971 年。

55. 《辛亥殉難錄》，吳自修著，台北：大通書局影印，1969 年。

56. 《書林清話》，葉德輝撰，台北：世界書局，1961 年。

57. 《清稗類鈔》，徐珂撰，台北：商務印書館，1966 年。

58. 《儒林外史》，吳敬梓撰，台北：商務印書館，1968 年。

59. 《西潮》，蔣孟麟著，台北：中華日報社，1960 年。

60. 《中國的科名》，齊如山著，台北：中國新聞出版公司，1956 年。

三、論文與專書

1. 〈漢代地方官吏之籍貫限制〉，嚴耕望撰，《中央研究院歷史語言研究所集刊》，第二十二本，1950 年。

2. 〈唐代的官學行政〉，高明士撰，《大陸雜誌》，第三十七卷，第十一、十二期合刊，1968 年。

3. 〈略論宋代地方官學和私學的消長〉，劉子健撰，《中央研究院歷史語言研究所集刊》，第三十六本，1965 年。

4. 〈道統與治統之間：從明嘉靖九年孔廟改制談起〉，黃進興，《中央研究院歷史語言研究所集刊》，第六十四卷，第四期，1990 年。

5. 〈清代基層地方官人事嬗遞現象之量化分析〉，李國祁、周天生撰，《歷史學報》，第二期，國立臺灣師範大學，1974 年。

6. 〈從量的觀察探討清季布政使之人事遞嬗現象〉，魏秀梅撰，《中央研究院近代史研究所集刊》，第二期，1971 年。

7. 〈從量的觀察探討清季按察使之人事遞嬗現象〉，魏秀梅撰，《中央研究院近代史研究所集刊》，第三期下冊，1972 年。

8. 〈從量的觀察探討清季督撫之人事遞嬗〉，魏秀梅撰，《中央研究院近代史研究所集刊》，第四期上冊，1973 年。

9. 〈清代勇營制度〉，王爾敏撰，《中央研究院近代史研究所集刊》，第四期下冊，1974 年。

10. 〈清雍正年間的文官養廉制度〉，鄧青平撰，《新亞學報》，第十卷第一期（下），1973 年。

11. 〈清代兩浙科第表〉，章乃羹撰，《文瀾學報》，第三卷第一期，1937 年。

12. 《中國地方行政制度史》，嚴耕望著，中央研究院歷史語言研究所專刊之四十五，1963 年。

13. 《中國教育史》，余書麟著，台灣師範大學出版組出版，1965 年。

14. 《北魏漢化教育制度之研究》，楊吉仁撰，台北：正中書局，1969 年。

15. 《由基層地方官的幾項量化分析及職責看清代地方吏治》，周天生撰，國立臺灣師範大學歷史研究所碩士論文，1974 年。

16. 《明代的儒學教官》，吳智和，台北：學生書局，1991 年。

17. 《明代版本圖錄初編》，潘承弼、顧廷龍同纂，台北：文海出版社影印，1971 年。

18. 《清代科舉考試述錄》，商衍鎏，北京：三聯書店，1958 年。

19. 《清代捐納制度》，許大齡著，香港：龍門書局，1968 年。

20. 《清代進士群體與學術文化》，李潤強，北京：中國社會科學出版社，2007 年。

21. 《清代廣東詞林紀要》，孫甄陶，台北：台灣商務印書館，1970 年。

22. 《清代嶺南大儒陳澧》，李緒柏，廣州：廣東人民出版社，2009 年。

23. 《清朝文官制度》，艾永明，北京：商務印書館，2003 年。

24. 《國史大綱》，錢穆著，台北：商務印書館，1958 年。

25. 《雲南古代舉士》，黨樂群，雲南人民出版社，2008 年。

26. *The Chinese Gentry: Studies on their Role in 19th Century Chinese Society*, Chang Chung-Li, Seattle: University of Washington Press, 1955.

27. *The Income of the Chinese Gentry*, Chang Chung-Li, Seattle: University of Washington Press, 1962.

28. *The Ladder of Success in Imperial China: Aspects of Social Mobility, 1368~1911*, Ho Ping-ti, New York: Columbia University Press, 1962.

附圖一　文廟學宮平面圖

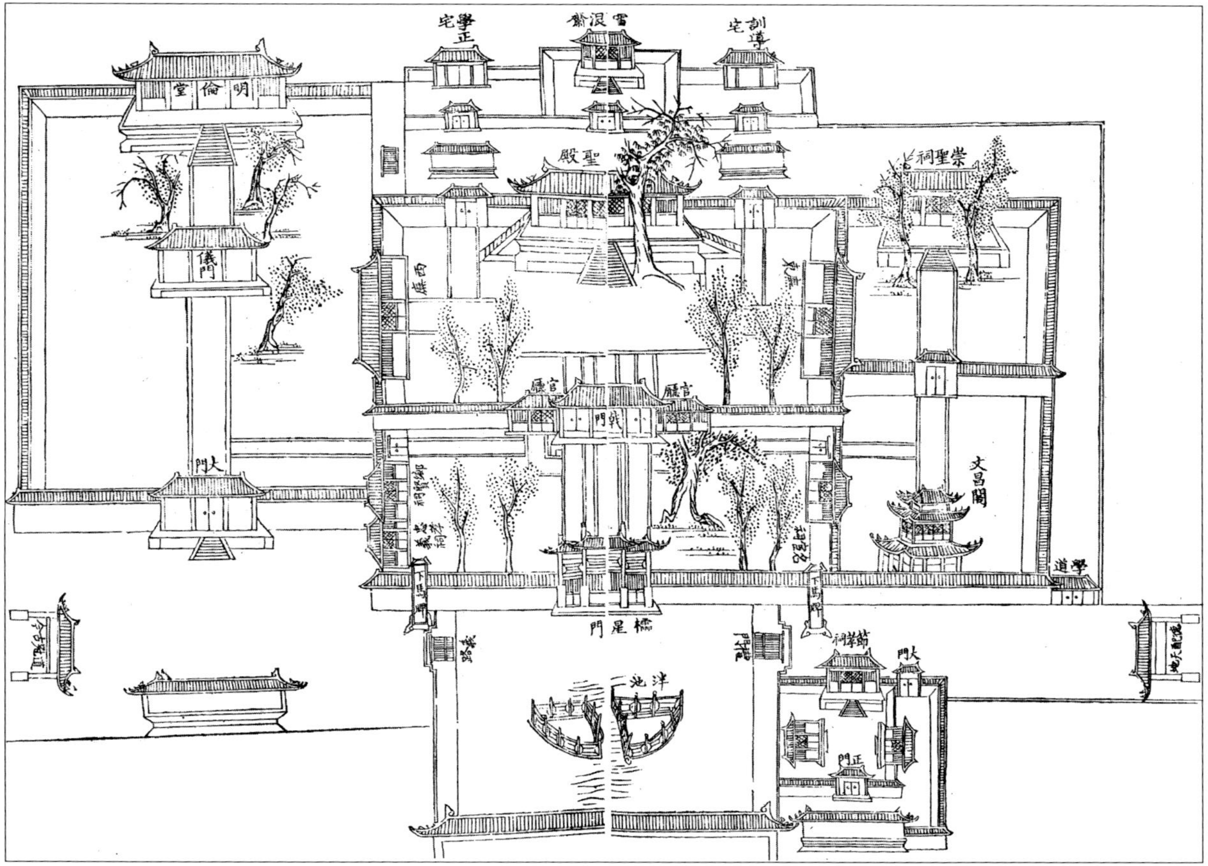

資料來源：《定州志》，卷十七，頁 1～2，定州文廟圖。

說明：直隸定州文廟，唐宣宗大中二年（848）創建，歷經宋、明、清擴建增修，成爲大型古建築群，廟内保存大量碑刻和古籍善本，1959 年被闢爲定縣博物館。坐北朝南，占地 12,664 平方米。中軸線上有欞星門、戟門、大成殿等建築和東西附屬建築。東院有文昌閣（又稱魁星閣）和崇聖祠，西院有大門、儀門、明倫堂等。南院有節孝祠。

附圖二　文廟舞器舞式圖

翟　　　　籥　　　　　　　　舞式

資料來源：《定州志》，卷七，頁 53～54。

附圖三　文廟樂器圖

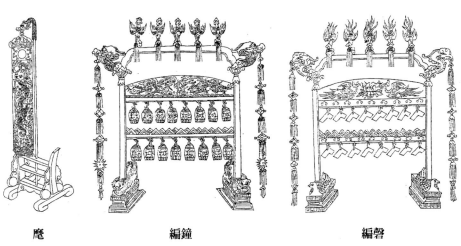

麾　　　　　編鐘　　　　　編磬

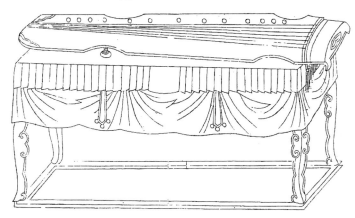

琴

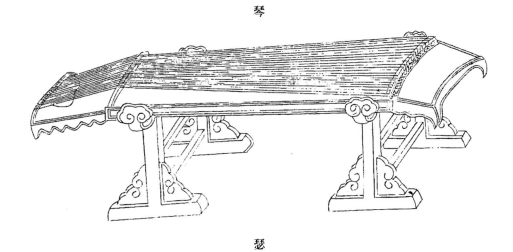

瑟

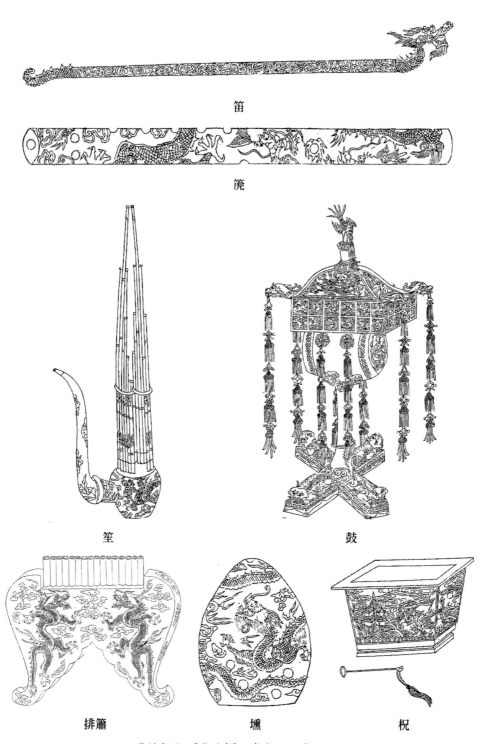

笛

篪

笙

鼓

排簫

塤

柷

資料來源：《灤州志》，卷十二，頁 5～42。

附圖四　文廟禮器圖

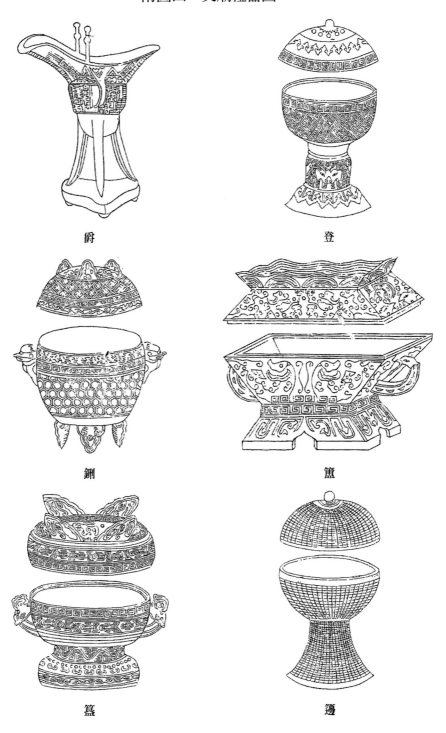

爵　　　　　　　　　登

鉶　　　　　　　　　簠

簋　　　　　　　　　籩

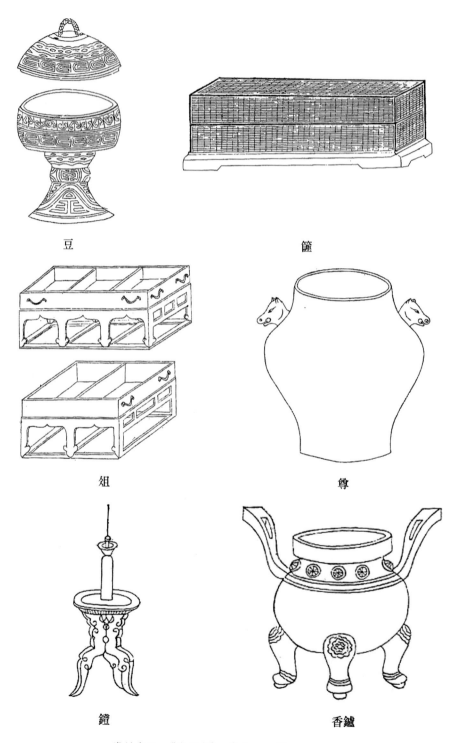

豆

籩

俎

尊

鐙

香鑪

資料來源:《灤州志》,卷十一,頁 48~57。

附圖五　文廟祭品陳設圖

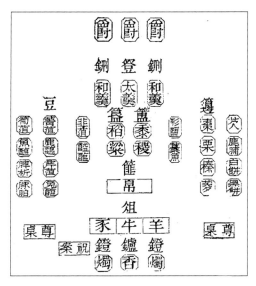

文廟正位陳設圖

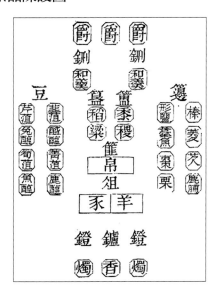

文廟配位陳設圖

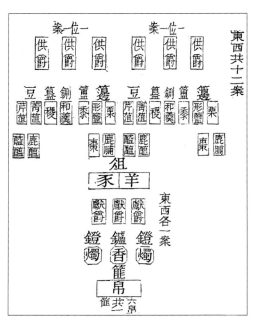

文廟哲位陳設圖

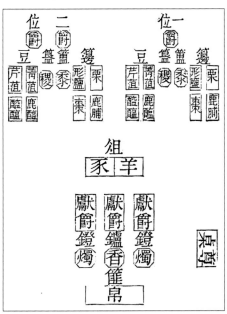

文廟兩廡陳設圖

資料來源：《灤州志》，卷十一，頁 39～43。

後　記

　　我於民國 61 年考入台灣師範大學歷史研究所後，撰寫碩士論文《清代地方學官制度》期間，承蒙指導教授王爾敏先生在文章結構、論述方法、用語修辭等方面，多所啓迪，將我引領踏進史學研究的堂奧，得以完成碩士論文。之後，業師赴香港中文大學任教，對我的博士論文，由陸寶千先生指導的《阮元學術之研究》從選題到撰寫，常以書信指導，並在很難取得大陸出版品的年代，幫助收集大陸相關的專書。對於老師的栽培，終生感激。

　　民國 66 年我有幸回母系服務，從基層助教做起，整理並書寫全系數萬冊圖書的書目卡，可惜這數萬張耗費我青春歲月的卡片，隨著電腦科技的進步，早已成爲被回收的資源。69 年，我到美國密蘇里大學聖路易校區進修一年，返系後升講師，被安排在夜間部上世界通史課程，結下從事世界史教學與研究之緣。

　　民國 75 年完成博士論文後，因系裡開課需要，先後授過世界通史、西洋上古史、西洋藝術史、西洋古蹟與文物等課程。因教學由中國史轉爲西洋史領域，研究也由清代教育學術轉向西洋古代藝術。爲能多理解西方歷史文化，以利教學與研究，常利用寒暑假自費到歐洲、西亞、北非等地古蹟瀏覽，參觀博物館。79 年，到德國特里爾大學漢學系講學並進修三個月，領會許多書本上學不到的西方文化。尤其是兩岸開放往來後，多次赴杭州、上海等地開會，到江蘇、福建探親，還得到台灣同胞聯誼會贊助，陪同台灣師大歷史系同學到北京、西安、南京等地史蹟考察，更是開拓視野。96 年退休後，得以從容整理舊稿，將碩士論文補充出版。

　　對於各府州縣都設有儒學的學官，元明兩代學官已有專章及專書研究，

至於清代學官這個群體，除本人的碩士論文外，迄今尚未有人作全面研究者，
希望本書對此一題目，仍有啓迪之功。業師常強調論文選題須有開創性的重
要，屢以我的碩士論文題目很有開創性來鼓勵我，並爲本文撰序，深感榮幸。
這個論題得以問世，當然要感謝花木蘭文化出版社的催促，纔會專心致志，
完工交刊，否則將仍存放在一堆稿件之中，無緣問世。同時也很感激母系恩
師多年之教導，以及魏秀梅學姊之熱心幫忙校對。出版之後，尚祈專家學者
不吝斧正指教。

民國 99 年 8 月劉德美謹記